Christoph Haider

Der Glaube ist ein Licht

Impressum:

www.weger.net – info@weger.net

Titelbild: Rosel Eckstein / pixelio.de

Gesamtherstellung: Druckerei A. Weger, Brixen
Printed in Italy, 2013

ISBN 978-88-6563-093-8

Christoph Haider

DER GLAUBE
IST EIN LICHT

Verlag A. Weger

Inhaltsverzeichnis

Geleitwort

Im Alten Testament wird für „glauben“ vor allem das hebräische Wort „aman“ verwendet. Davon kommt unser „Amen“, das wir als Bekräftigung und Zustimmung unserer Gebete kennen. Die Grundbedeutung von „aman“ ist „fest sein, beständig sein, sich stützen“. Glauben bedeutet ein Sich-fest-Machen in Gott, ein Trauen und Bauen auf ihn.

Der christliche Glaube gründet sich nicht auf ein Gefühl oder auf eine Stimmung. Er ist zuerst und vor allem Zusage und dann auch Zustimmung zu dem, was Gott getan hat. Und echter Glaube führt zur Tat, zu einem Leben aus dem Glauben, zu einer Lebenseinstellung und zu einer Lebensführung, die das Leben in all seinen Formen schätzt, annimmt, fördert und liebt. Denn ein Glaube ohne die Werke wäre tot (vgl. Jak 2,14–26).

Der tiefste Grund für diesen Glauben ist eine Person: Jesus Christus, der für uns, und damit auch für mich, gelebt hat, gestorben und auferstanden ist. Er ist die Begründung, warum ich glaube. „Einen anderen Grund kann niemand legen als den, der gelegt ist: Jesus Christus“ (1 Kor 3,11).

Der Glaube ist ein Licht – diese Überzeugung durchzieht dieses Buch von Pfarrer Christoph Haider. Der Glaube bringt Licht in das Leben hinein. Wer glaubt, sieht besser und weiter. Alles steht unter einem neuen Vorzeichen und in einem anderen Licht. Mögen viele Menschen sich auf dieses Licht einlassen, sich von diesem Licht anscheinen lassen und zu einem Licht werden für andere.

+ *Ivo Muser, Bischof von Bozen-Brixen*
Bozen, am Gedenktag der
hl. Kirchenlehrerin Theresia von Lisieux

Vorwort

Dieses Buch ist eine Frucht vom „Jahr des Glaubens". Die einzelnen Kapitel stammen aus einer über das Jahr verteilten Aktion zur Glaubensvertiefung. Für meine Pfarrangehörigen schrieb ich Woche für Woche einen kurzen Glaubenstext, der jeweils in einen Impuls und in ein Gebet mündet. Interessierte konnten sich diese Anregungen in schriftlicher Form mit nach Hause nehmen. Gleichzeitig stellte ich die Gedanken in Form eines „Glaubens-Blogs" ins Internet. Dieser Hintergrund erklärt die Art und Weise der Darstellung. Ein wenig Kirchenjahr, ein wenig aktuelle Kirchengeschichte, ein wenig pastorale Erfahrungen, ein wenig Spiritualität eines Landpfarrers, der in neuen Medien arbeitet. Die einzelnen Kapitel folgen keinem besonderen Schema. Einige Gedanken werden die Leser vermutlich als Wiederholung empfinden. Ich hoffe, dass sie das nicht stört. Das Leben aus dem Glauben verläuft oft in Kreisbewegung und selten in gerader Linienform.

Der Titel will die lichtbringende Seite des katholischen Glaubens zum Ausdruck bringen, wobei die einzelnen Kapitel auch dessen Würze hervorheben.

Den geschätzten Lesern empfehle ich, nicht alles auf einmal zu lesen. Die Zahl zweiundfünfzig ist die Anzahl der Wochen eines Jahres. Vielleicht kann „Der Glaube ist ein Licht" ein kleiner Jahresbegleiter werden. Auf jeden Fall wünsche ich Vertiefung im Glauben und freue mich, wenn das eine oder andere Kapitel dazu beitragen kann.

Zwei Dinge liegen mir noch am Herzen. Zum ersten fehlt in diesem Buch ein Kapitel mit dem Thema „Das Ziel des Glaubens: euer Heil“ (1 Petr 1,9). Diese Überschrift habe ich über keines der Kapitel gesetzt, möchte sie aber dem ganzen Buch als Grundton unterlegen. Mein Wunsch ist, dass die Leser dieses Anliegen immer mithören, wenn ich über Aspekte des Glaubens spreche. Natürlich ist der Glaube auch eine Lebenshilfe hier und heute. Zuerst aber geht es im Glauben um das letzte Ziel des Lebens, um das ewige Heil in Gott.

Das zweite Anliegen ist eine vorbeugende Maßnahme im Zeitalter der Plagiate. Ich habe nirgendwo abgeschrieben, gebe aber gerne zu, dass mir viele Gedanken im Laufe meines Lebens von anderen geschenkt wurden: Im Gespräch mit den Autoren des Neuen Testaments, beim Hören auf die Botschaft der Päpste, im Besonderen des verehrten Benedikt XVI. und des authentischen Franziskus. So manche Unterscheidung im Glauben ist in mir gereift durch Worte von Mutter Julia Verhaeghe, der Gründerin der geistlichen Familie „Das Werk“, der ich oft begegnen durfte. Mein aufrichtiger Dank geht an diese meine Animateure im Glauben!

Oberhofen,
im „Jahr des Glaubens“, November 2013

Pfarrer Christoph Haider

01

Der Glaube kommt vom Hören

Bevor Kleinkinder zu reden beginnen, hören sie. Sie nehmen Laute aus dem Mund ihrer Eltern wahr und versuchen diese nachzuahmen. Aus dem Hören erwächst die Fähigkeit des Sprechens. Das Ohr ist dem Mund eine kleine Spanne voraus – abgesehen vom drauflos Schreien, das Babys vom ersten Augenblick an beherrschen. Im Laufe des Lebens will das Hören immer neu gelernt werden. Oft ist die Zunge schneller als das Ohr. Oft sind die Ohren zugeklappt oder auf Durchzug gestellt. Leicht wird man „schwerhörig", nicht erst mit zunehmendem Alter. Hören ist eine große Kunst, richtig ausgeprägt ist sie nur bei wenigen Menschen und da nicht immer anzutreffen.

Der Glaube kommt vom Hören, heißt es in der Heiligen Schrift (vgl. Röm 10,17). Ohne Hören stirbt der Glaube oder kommt erst gar nicht auf. Wir Christen setzen voraus, dass es etwas zu hören gibt. Denn Gott hat sich geoffenbart. Deshalb braucht es Menschen, die ihm zuhören. Abraham war so einer, Mose, die Propheten, Maria, Magdalena, Johannes, Paulus …

Warum glaube ich überhaupt? Zunächst einmal, weil Vertrauenspersonen mich mit Gottes Wort in Berührung gebracht haben: Meine ersten Gebete mit den Eltern oder Großeltern, die biblischen Erzählungen der Kindergärtnerin, die Erfahrungen im Religionsunterricht, die Predigten des Pfarrers … Manche von uns hatten das Glück, über einen gläubigen Freund oder die einladende Stimme im Gewissen sich für den Glauben zu öffnen.

In der Taufe wurde uns ein „hörendes Herz“ (1 Kön 3,9) geschenkt, um Gottes Wort mit Verständnis aufzunehmen. Zu jedem Neugetauften sagt der Taufspender in der Muttersprache Jesu „Effata“, das heißt: „Öffne dich!“ Es folgt die Bitte: „Der Herr öffne dir die Ohren, damit du sein Wort vernimmst.“ Die potentielle Befähigung zum rechten Hören ist also ein Taufgeschenk, das aktiviert werden kann.

Eine Hauptschwierigkeit mit dem christlichen Glauben heute dürfte die mangelnde Hörfähigkeit sein. Noch nie in der Geschichte wurde das menschliche Ohr so mit Schall bombardiert. Noch nie waren die Informationsquellen so dicht beim Ohr. Wer ein Hörer werden will, braucht nicht noch mehr Information. Wahrscheinlich beginnt das rechte Hören mit dem „Abschalten“. Je weniger Überflüssiges an unser Ohr dringt, desto hörfähiger werden wir.

Mutter Teresa brachte in der ihr eigenen praktischen Art die Sache auf den Punkt: „Das Wichtigste ist die Stille … Wir werden uns nicht in die Gegenwart Gottes versetzen können, ohne uns zu einer inneren und äußeren Stille zu zwingen. Deshalb müssen wir uns an eine Stille des Geistes, der Augen und der Zunge gewöhnen. Wir müssen Gott finden, wir können ihn aber weder im Lärm noch in der Betriebsamkeit finden.“

Die Natur hat vorgesorgt, indem sie uns Menschen mit zwei Ohren und einem Mund ausgestattet hat. Wir hören Stereo, während wir nur Mono reden können. Die dahinter liegende Botschaft heißt: Nütze diese Fähigkeit!

- Wie lange kann ich jemandem zuhören ohne ins Wort zu fallen, ohne abzuschweifen oder gleichzeitig an etwas anderes zu denken?

Herr, gib mir ein hörendes Herz,
damit ich deine Stimme erkenne
und von anderen Stimmen
unterscheiden lerne.

02 Der Glaube ist ein Geschenk

Welche Methode ist der beste Weg zum Glauben? In unserer westlichen Welt scheinen der Einstieg in den Glauben und der Verbleib im Glauben immer schwieriger zu werden. Fast sieht es so aus, dass bei den Fenstern zur Ewigkeit die Rollläden in dem Maß zugegangen sind, wie die Fenster der medialen Welt sich geöffnet haben. Die globalisierte Erde ist zwar in sich total vernetzt, wirkt aber gegenüber dem Transzendenten wie ein Funkloch.

Auf der Suche nach Plätzen, wo Gott und Welt sich berühren, werden wir trotz all dem noch fündig: Wallfahrtsorte wie Fatima, Assisi, Lourdes, Klöster wie Taizé oder Heiligenkreuz, Weltjugendtage in Köln, Madrid und Rio … Was diese Orte kennzeichnet, ist weniger ein spezielles Programm als eine besondere Atmosphäre. Die Atmosphäre heißt Gebet. Es ist zwar nicht die Menge als solche, doch viele einzelne, die in solcher Atmosphäre Gott neu begegnen oder ihn das erste Mal entdecken.

Diese Erfahrungen verweisen uns an den Ursprung eines jeden Glaubens im christlichen Sinn: Der Glaube ist eine Gnade. John Henry Newman, ein tiefer christlicher Denker und spiritueller Führer, beschrieb den Glauben als „ein göttliches Geschenk". Aber dieses Geschenk „wird durch Gebet gewonnen". Der Glaube ist also ein Geschenk, das man erbitten darf! Mit Gebet ist nicht ein Hin und Wieder gemeint. „Das Gebet muss geduldig und beharrlich sein", sagt Newman. Es geht um ein tieferes Eintauchen in Gott. Ein Fisch lebt vom Wasser, das ihn umgibt, an

Land geworfen, geht er zugrunde. Für uns Menschen ist das Gebet das Wasser, das unsere Seele umspülen muss. Außerhalb des Gebetes vertrocknet der Glaube.

Jesus belehrte seine Jünger, dass der Glaube nicht durch eine Methode erlangt wird, sondern durch die Gabe Gottes: „Niemand kann zu mir kommen, wenn nicht der Vater, der mich gesandt hat, ihn zu mir führt" (Joh 6,44). Glauben heißt, sich von Gott zu Jesus führen zu lassen. Wir dürfen davon ausgehen, dass Christus sich uns im Glauben zeigt, wenn wir geduldig und ausdauernd im Gebet Gottes Nähe suchen.

Im Markusevangelium wird uns von einem hilfesuchenden Menschen das schöne Gebet überliefert: „Ich glaube; hilf meinem Unglauben!" (Mk 9,24). Vermutlich haben viele von uns öfter das Gefühl, dass uns die Gnade des Glaubens nicht in besonders hohem Ausmaß geschenkt ist. Das Gefühl kann täuschen. Besser ist, jedes auch noch so kleine Licht des Glaubens dankbar zu hüten. Wer für den „kleinen" Glauben dankt, dem kann Gott die nächste Einheit Glaubenslicht schenken. Manchmal vermehrt sich das Licht dann ganz rasch.

- Wir bemühen uns, die täglichen Gebete bzw. kleinen Gebetszeiten, die wir uns vorgenommen haben, gewissenhaft einzuhalten.

„Herr, stärke unseren Glauben!"

Lk 17,5

03 Der Glaube hat ein Gesicht

Ein großer Fehler in Bezug auf den Glauben ist die Behauptung: Glaube sei wichtig, weniger wichtig sei die Frage, welcher. Leider ist diese Einstellung nicht selten anzutreffen. Man stuft den Glauben als Nützlichkeit ein: An etwas müsse man sich doch halten.

Glauben im christlichen Sinn ist das Gegenteil von etwas. Es geht um jemanden. Der Glaube trägt einen Namen und hat ein Gesicht: Jesus Christus. Glauben bedeutet, in einer Beziehung zu leben. Wer Christ ist, hat eine Beziehung zu Jesus Christus aufgebaut und durch ihn zu Gott. Das ganze Neue Testament ist Zeuge dafür, dass der Name Jesus nicht austauschbar ist.

Wenn Menschen den Glauben inhaltlich nicht näher bestimmen wollen, kann man das mit der absurden Aussage vergleichen: Hauptsache, man hat einen Partner, egal welchen. Glücklich verheiratete Menschen werden dagegen protestieren. Ebenso werden glückliche Christen Einspruch erheben, die einzigartige Beziehung zu Jesus Christus könne zugunsten einer allgemeinen Religiosität getauscht werden.

In traditionell katholisch geprägten Gegenden gibt es den „Herrgottswinkel". Gewöhnlich ist damit ein Platz in der Wohnung gemeint, wo das Kreuz hängt. Es ist schön, wenn mit Herrgott wirklich der gekreuzigte Jesus gemeint ist, von dem wir glauben, dass er auferstanden ist und lebt. Der Name Herrgott wäre demnach eine Zusammenziehung des wohl schönsten neutestamentlichen Bekenntnisses zu Jesus: „Mein Herr und mein Gott“ (Joh 20,28).

„Jesus ist ein wunderbarer Name“, sagt Corrie ten Boom. Es ist für uns Christen gut, in unserem Reden und Beten all die Namen zu gebrauchen, die die Heilige Schrift für Jesus kennt: Christus, Erlöser, Heiland, Meister, Herr, Sohn Gottes, Gott. Manche Menschen wiederholen in ihrem Herzen ständig einen dieser heiligen Namen mit einem kleinen Gebetsanhang, um die Verbindung zu Jesus nie abbrechen zu lassen. Dieses „immerwährende Gebet“ kann sehr kraftvoll sein.

Trotz allem Auf und Ab im Glauben bleibt es unsere schöne Lebensaufgabe, Jesus näher kennen zu lernen, ihm nachzufolgen und so eine Christusfreundschaft einzugehen. Um in der Beziehung zu ihm zu wachsen sind Mitglaubende wichtig. Durch sie bekommt der Glaube noch auf andere Weise Namen und Gesicht.

- In meinem Bekanntenkreis suche ich nach Möglichkeiten zu einem echten Austausch über den Glauben.

Herr Jesus, danke
für die Gemeinschaft mit dir
und mit denen,
die den Glauben mit mir teilen.

04 Der Glaube hat Inhalt

Wenn Glaube eine lebendige Gottesbeziehung ist, schließt diese mit ein, Konkretes über ihn aussagen zu können. Das ist im zwischenmenschlichen Bereich nicht anders: Ohne ein gewisses Grundwissen kann ich mich schwer auf einen Menschen einlassen. Je näher mir ein Mitmensch steht, desto mehr interessieren mich Herkunft, Lebenslauf und Vorlieben. Unser christlicher Gottesglaube kommt diesem Bedürfnis entgegen. Gott hat uns das Wichtigste über seine Person mitgeteilt, weil ihm an unserer Beziehung zu ihm viel liegt. Damit unser Glaube aus sicherer Quelle schöpft, gab uns Gott die Offenbarung.

Offenbarung im christlichen Sinn ist ein langer Weg des Zugehens Gottes auf die Menschen. Gott hat diesen Dialog mit Abraham begonnen. Er führte ihn weiter über Mose und die Propheten. Niederschlag der Selbstmitteilung Gottes war zunächst das Alte Testament. Dann schenkte Gott als Höhepunkt seiner Beziehung zu uns Menschen seinen Sohn. Jesus ist Gottes endgültige Botschaft an die Welt. Was die Apostel mit ihm erlebten und von ihm erfuhren, fand Einlass in das Neue Testament. Die Bibel aus beiden Testamenten ist der bleibende Schatz, aus dem Gottes Stimme uns noch immer anspricht.

Zum rechten Verständnis der Bibel braucht es die Gemeinschaft der Glaubenden. Die Bibel ist ja nicht vom Himmel gefallen. Die lebendige Überlieferung der Kirche ist wie das große Bachbett, in dem die Offenbarung Gottes auf uns zufließt. Um zu unterscheiden, ob Gedanken oder Gefühle, die wir Glauben nennen, von Gott kommen oder nicht, will uns das kirchliche Lehramt behilflich sein. Die katholische Glaubenslehre, Dogma genannt, gibt uns eine sichere Grundlage für unsere Gottesbeziehung. Romano Guardini sagt: „Das Dogma habe ich nie als Schranke, sondern als das Koordinatensystem meines Bewusstseins empfunden."

Auf die konkrete Frage, woran wir Katholiken glauben, gibt es letztlich nur eine gute Antwort: Wir glauben an Gott und alles, was Gott uns durch seine Offenbarung mitgeteilt hat. Zu unserer Vergewisserung sprechen wir an Sonntagen und Feiertagen im Gottesdienst das Glaubensbekenntnis, das die wichtigsten Herzstücke des Glaubens zusammenfasst. Anstatt den Glauben nach eigenem Geschmack auszumalen, wollen wir so denken und leben, dass Gott Geschmack an unserem Glauben findet. Er will eine Beziehung zu uns aufbauen, deren Inhalt er selber ist.

- Wann habe ich mich das letzte Mal in Glaubensfragen kompetent weitergebildet?

Herr, danke
für dein Interesse an mir.
Vermehre mein Interesse
an dir und deiner Wahrheit.

05 Der Glaube nimmt die Angst

Ein heikles Thema: Religion und Angst. Darüber gäbe es viel zu sagen. Die Angst, worüber dieser Beitrag spricht, ist von anderer Art. So paradox es klingt: es ist die Angst vor Gottes Liebe. Sprechen wir ruhig in der Wir-Form. Es handelt sich um unsere Angst, zu kurz zu kommen, wenn wir uns mehr für Gott öffnen würden. Gott lädt uns oft zu einem „mehr" an Glauben ein. „Ich stehe vor der Tür und klopfe an" (Offb 3,20), sagt der Herr im letzten Buch der Heiligen Schrift. Theoretisch wissen wir, dass es seine Liebe ist, die ihn zum Anklopfen bewegt, und doch haben wir Angst, die Tür zu öffnen. Vielleicht einen Spalt, oder bis zur Hälfte. Doch bevor wir ganz aufmachen, reden wir uns gern ein, man könne auch auf seine eigene Art gläubig sein.

Diese Form von Angst sitzt im Unterbewusstsein. Darf ich versuchen, sie kurz und konkret anzusprechen: Wir haben Angst, dass uns die Zeit anderswo abgeht, wenn wir sie für mehr Glaubenspraxis hernehmen würden. Wir zögern, die Bibel regelmäßig aufzuschlagen, weil uns im Wort Gottes Forderungen entgegen treten könnten.

Wir meiden das Beichtsakrament aus Angst, es könnte uns von mancher schlechten aber liebgewonnenen Gewohnheit trennen. Wir hören lieber nicht zu viel von den Sorgen unserer Mitmenschen, aus Angst, sie könnten uns zu sehr in die Pflicht nehmen.

Darf ich ganz ehrlich sein und vom Wir noch einen Schritt weiter zum Ich übergehen? Diese Angst kenne ich persönlich auch. Obwohl ich so überzeugt von Gottes Liebe bin und sie oft schon erfahren habe! Aber die Angst, etwas zu versäumen oder zu verlieren, ist immer wieder da, wenn Gott anklopft.

Diese Angst ist ein Zeichen mangelhaften Glaubens. Den Mangel gilt es zu überwinden. Echter Glaube ist angstfrei. Nicht, dass Gott uns von allen Ängsten des Lebens befreit. Jesus selber litt Todesangst. Doch die Angst, von der uns der Glaube erlösen will, ist die Sorge vor dem Verlust, vor dem Abgeben unserer eigenen Vorlieben.

In dieser Ängstlichkeit gegenüber Gottes Liebe sind wir Menschen wie Ameisen oder Schildkröten, deren Blick nur auf das gerichtet ist, was vor ihnen auf der Erde liegt. Dabei könnten wir durch den Glauben wie Adler sein, die sich in der Freiheit der Kinder Gottes hoch hinauf schwingen. Peter Dyckhoff sagt über den Weg dorthin: „Du gibst Geringeres ab und nimmst Größeres in Empfang."

- Eine Einladung: „Ich stehe vor der Tür und klopfe an. Wer meine Stimme hört und die Tür öffnet, bei dem werde ich eintreten und wir werden Mahl halten …" (Offb 3,20).

Herr, du darfst mich besuchen kommen.
Hilf mir beim Öffnen der Tür.

06 Der Glaube verändert

Manchmal vermissen wir bei der Ausübung des Glaubens die positiven Auswirkungen auf unser Leben. Menschen, die mit dem Glauben wenig „am Hut haben" und trotzdem gut leben, verunsichern uns. Noch nachdenklicher werden wir, wenn wir „Frommen" begegnen, deren Leben so gar keine Leuchtspuren hinterlässt. Auch bei uns selbst stellen wir fest, dass Glaube und Leben oft unverbunden nebeneinander stehen.

Beim Aufschlagen des Evangeliums entdecken wir zwei große Linien. Die eine Linie zeigt uns das endgültige Ziel auf, worauf der Glaube ausgerichtet ist: „Unsere Heimat ist im Himmel" (Phil 3,20). Wir dürfen an den Glauben nicht zu viele erdhafte Erwartungen stellen. Solange wir noch unterwegs sind, ist jedes Urteil, ob der Glaube uns etwas bringt, zu früh. Der Gläubige wartet geduldig auf den Tag der Ernte.

Die andere Linie, die sich durch das Neue Testament zieht, ist die Erkenntnis, dass der Glaube jetzt schon das Leben neu gestaltet. Der Apostel Paulus weiß sich von Christus so ergriffen, dass ihm sein bisheriges Leben wie „Unrat" (Phil 3,8) vorkommt. Auch wenn er um des Glaubens willen einiges einzustecken hat, möchte er mit nichts in der Welt mehr tauschen. Der Glaube hat die Kraft, das Denken, Fühlen und Wollen eines Menschen grundlegend zu verändern.

Es ist im Glaubensleben wie mit der aufgehenden Sonne. Niemand wird behaupten, dass die Welt bei Nacht oder Nebel eine andere ist. Die Dinge bleiben dieselben. Und doch verändert sich alles, wenn über der Erde die Sonne aufgeht.

Der mit der Taufe geschenkte Glaube wurde in der frühen Kirche „Erleuchtung" genannt. Diese schöne Bezeichnung hebt die neue Perspektive hervor, die uns der Glaube ermöglicht. Je mehr wir aus dem Glauben leben, desto mehr lernen wir, die Wirklichkeit von Gott her zu sehen. Dabei entdecken wir, dass überall seine Spuren zu finden sind.

Diese neue Sichtweise des Lebens, die uns durch den Glauben geschenkt ist, zeigt sich nicht von heute auf morgen. Der „Erfolg" der Glaubenspraxis ist oft erst im Rückspiegel zu sehen. Dafür ist er nachhaltig und tiefgreifend. Der Glaube verwirklicht, wovon ein alter Trinkspruch nur träumen kann: „Immer wieder geht die Sonne auf und ein neuer Tag erwacht."

- In einer stillen Stunde denken wir darüber nach, welche Lichtblicke der Glaube uns bisher schon geschenkt hat.

„Herr, wir danken dir
für die lichtbringende Gabe
des heiligen Glaubens."

Mutter Julia Verhaeghe

07 Der Glaube betrifft mich und uns

Mit zwei unvollständigen Glaubensweisen kommen wir Seelsorger in Berührung. Auf der einen Seite begegnen wir Menschen, die ihre religiösen Pflichten äußerlich treu erfüllen. Aber sie lesen nie für sich persönlich in der Heiligen Schrift und sprechen mit Gott selten in eigenen Worten. Auf der anderen Seite gibt es Menschen, die sich kaum bei Gottesdiensten blicken lassen und wenig Kontakt zur christlichen Gemeinschaft haben. Aber sie sagen von sich, wie wichtig ihnen das persönliche Gespräch mit Gott ist.

Warum sind beide Glaubensweisen unvollständig? Weil Gott uns ganz persönlich anspricht: Durch Glaube und Taufe bin ich ein Kind Gottes geworden. Gleichzeitig hat der Herr mich über eine und in eine Gemeinschaft gerufen. Ich gehöre zur Familie Gottes. Deshalb hat uns Jesus nicht „mein Vater“ im Himmel, sondern „Vater unser“ zu beten gelehrt. Öffentliche Glaubenspraxis ohne persönliche Christusbeziehung ist ebenso einseitig wie persönliche Jesusverehrung ohne gemeinschaftliche Glaubensausübung.

Jesus selber nahm an jedem Sabbat am Synagogengottesdienst der jüdischen Gemeinde teil. Regelmäßig war er mit anderen im Tempel anzutreffen. Zugleich berichtet uns das Neue Testament von seinen Gesprächen mit dem Vater – er ganz allein.

Was manche treuen „Kirchgänger“ noch lernen müssen, ist die persönliche Verbindung zum Herrn. Was sie im Gottesdienst und in der Gemeinschaft erleben, soll in das tägliche Leben einfließen und dort Wurzel schlagen. Was die gläubigen „Individualisten“ noch lernen müssen, ist die gemeinschaftliche Dimension des Glaubens. Ihr persönliches Sprechen mit Gott soll in den gemeinsamen Dank und Lobpreis der Gemeinde übergehen.

Der Glaube lebt von beiden, vom Ich und vom Wir. Wer eines Tages für immer mit dem Dreifaltigen Gott glücklich sein will, wird jetzt schon das persönliche Gespräch mit ihm lieben. Im Himmel werden aber auch andere sein, vermutlich gibt es dort keine Einzelabteile.

- Drücken wir uns in unserem Glaubensleben eher an der Gemeinschaft vorbei oder begnügen wir uns mit äußerer Glaubenspraxis ohne ein Nahverhältnis zum Herrn?

Herr, du hast mich bei meinem Namen gerufen.
Ich danke dir!
Du hast mir auch
Brüder und Schwestern geschenkt.
Lass uns einander annehmen.

08 Der Glaube hält durch

Mit den zweiundfünfzig Glaubensschritten wird es sein wie mit allem im Leben. Anfangen ist relativ leicht. Durchhalten ist schwierig. Das betrifft den Schreiber wie auch die Leser. Mit Nr. 08 ist die Aktion nicht mehr neu, erste Abnützungserscheinungen zeigen sich. Wird dem Schreiber zum Thema Glaube wirklich Neues einfallen? Ist über die Leser nicht schon Langeweile hereingebrochen?

Eine Sache anfangen und sie weiterführen sind zwei verschiedene Dinge. Die Lust auf Abwechslung ist in unserer Gesellschaft groß wie noch nie. Werbeindustrie und Medienbranche leben davon, das Bedürfnis nach neuen Reizen zu wecken. Dieser aufgeweckte Tiger in uns will sich mit grauem, alltäglichem Futter nicht mehr zufrieden geben.

Genau diese Tatsache ist es, die uns den Glauben heute schwer macht. Punktuell sind Menschen für Glaubensveranstaltungen noch zu gewinnen. Oft sind sie berührt, ja begeistert: So eine schöne Tauffeier! Diese wunderbare Erstkommunion! Die stimmungsvolle Mette! Sobald der Neuheitseffekt nachlässt, wenden sich die meisten Leute anderen Dingen zu. Dabei beginnt der Glaube eigentlich erst am Tag danach. Die uns manchmal geschenkte himmlische Stimmung ist eine Motivation Gottes. Gott füllt unseren Tank zum Weitergehen. Der tägliche Glaube ist unsere Antwort darauf. Ich versuche im Leben umzusetzen, was ich im Licht Gottes erfahren habe. Das

Durchhalten im Alltag entfaltet den Glauben erst zu seiner wahren Größe.

Der Glaube lebt von den alltäglichen Zeichen unserer Liebe: das Morgengebet nicht vergessen, abends Gott danken, sich selbst überwinden, anderen kleine Freuden bereiten, am Sonntag die eine Stunde für den Herrn fix einplanen, die übernommenen Zusagen treu erfüllen ... Der Glaube ist alles andere als Routine, er ist engagierte Treue.

- Ich bemühe mich täglich, im Glauben nicht aufzugeben, auch wenn es manchmal bergauf geht oder dunkel ist. Das nächste Licht kommt bestimmt.

Herr, stärke mein Durchhaltevermögen.

09 Der Glaube hat mit Maria zu tun

Wie zentral ist Maria für den Glauben der Christen? Die Antwort hat uns der Evangelist Lukas gegeben: Der Sohn Gottes kam nicht ohne Maria zur Welt. Neben dem Heiligen Geist war Maria die Hauptdarstellerin im Drama der Menschwerdung Gottes. Gott ließ sie selbst mitentscheiden, diese „Rolle“ zu übernehmen. Der Engel Gabriel war beauftragt, um ihre freie Zustimmung zu diesem Plan Gottes zu werben. Maria sagte Ja. Gott nahm ihre Zusage an. Von diesem Zeitpunkt an ist Maria die Eingangspforte zur Welt des christlichen Glaubens. Folgerichtig wird sie auch Pforte des Himmels genannt, weil durch sie der Himmel auf die Erde kam.

Man sagt: Viele Wege führen zu Gott. Das stimmt nur bedingt. Denn Gott selbst wählte einen ganz konkreten Weg, um das freie Hin und Her zwischen Himmel und Erde zu eröffnen. Jesus Christus ist dieser „Weg“ (Joh 14,6). Seitdem kann niemand mehr so leicht sagen, andere Wege sind genauso sicher. Gott hat seinen Weg abgesichert mit vielen „Gehhilfen“, die er uns durch Jesus, sein Leben und seine Lehre gegeben hat. Wir Christen sind dankbar, dass wir davon erfahren haben und wollen nicht mehr hinter diesen Weg zurück. Aber innerhalb des Glaubens an Christus gibt es natürlich mehrere Spuren auf dem großen Weg, die wir gehen können.

Wenn jemand nach einer besonders zuverlässigen Person als Begleitung auf dem Glaubensweg fragt, empfehle ich: Wähle Maria! Natürlich die echte Maria, nicht eine aus einer Seitengasse. Mit ihr ist man immer recht beraten, um den Weg zu Gott zu finden. Marias Glaube, ihr Vertrauen, ihre Freude, ihre Hoffnung sind ansteckend. „Durch Maria zu Jesus“ lautet eine bewährte Regel auf der Straße zu Gott.

- Vertrauen wir unseren zerbrechlichen Glauben dem Glauben der Gottesmutter Maria an.

„Maria, du bist die Pforte,
durch die Jesus, der Erlöser, die Welt betritt,
du bist die Pforte des Himmels,
die Ursache unserer Freude.
Wir preisen dich, Maria,
um würdiger und fähiger zu werden,
Christus aufzunehmen mit dem Hymnus
des Glaubens, der Hoffnung und der Liebe,
der ihm allein und in höchstem Maß gebührt.“

Papst Paul VI.

10 Der Glaube macht froh

Beschäftigen wir uns mit einer weit verbreiteten Meinung: Der Glaube der katholischen Kirche bestehe vor allem aus Vorschriften und Verboten. Noch schlimmer: Der katholische Glaube verbiete den Menschen die Lust.

Es kommt auf den Blickwinkel an. Denselben Vorwurf der Lustfeindlichkeit könnten wir auch unseren lieben Eltern machen: Eltern verbieten Kindern das lange Aufbleiben am Abend. Sie erstellen für sie die Regel, zweimal täglich die Zähne zu putzen. Sie erwarten, dass Kinder ihre Hausaufgaben machen und erlauben ihnen nicht, auf der Straße fremde Leute anzureden. Deshalb meinen Kinder manchmal: Ihr bösen Eltern, alles, was schön ist, verbietet ihr uns! Erst später im Leben kommen sie darauf: Die meisten Verbote haben die Eltern aus liebevoller Sorge um uns aufgestellt.

Ähnlich ist es mit den Vorgaben der katholischen Religion. Die Kirche will uns nicht die Lust verbieten. Sie möchte uns zu reifen Christen erziehen. Um reif zu werden, braucht es den Verzicht. Wer immer alles gleich haben möchte, bleibt auf einer frühkindlichen Entwicklungsstufe stehen. Ich erinnere mich an ein Wort von Viktor Frankl: „Je mehr es dem Menschen um Lust geht, desto mehr vergeht sie ihm auch schon." Der christliche Glaube will uns von oberflächlicher Lust nur deshalb wegführen, damit wir die echte Freude finden.

In der Heiligen Schrift ist das Wort Freude ein absoluter Hit. Mehrere hundert Male finden wir in der Bibel den Begriff „Freude“ oder „sich freuen“. Das Ziel unserer Religion ist die Freude: „Dies habe ich euch gesagt, damit meine Freude in euch ist und damit eure Freude vollkommen wird“ (Joh 15,11). Aber der Glaube sagt uns: Gebt Acht, bleibt auf der Strecke nicht vor dem Ziel stehen. Nehmt keine Abkürzungen, um zur Freude zu kommen.

Ein Sportler wird während seines Wettkampfes keinen Abstecher in die Würstelbude machen, weil sein Glückserlebnis im Erreichen des Ziels liegt. Auch für uns Christen steht die ganz große Freude in der Zieleinfahrt, dem Einssein mit Gott. Die Strecke dorthin ist manchmal steil und das Training kann hart sein. Umso größer dann die Freude und jetzt schon die Vorfreude!

- Wenn der Glaube einen Verzicht von uns verlangt, ist das immer mit einer Verheißung verbunden.

„Ich freue mich und bin fröhlich, Herr, in dir!
Halleluja.“

Gitta Leuschner nach Psalm 9,3

11 Der Glaube bedeutet Segen

Abraham wird „Vater aller Gläubigen“ (vgl. Röm 4,17) genannt. Sein Hören und Antworten auf Gott war die Initialzündung für Glauben im biblischen Sinn. Auf Abraham dürfen sich alle berufen, die wie er Gott ihr Vertrauen schenken. Doch was kann uns der alte Mann im einundzwanzigsten Jahrhundert sagen? Unterscheidet sich ein Mensch wie Abraham wirklich von anderen Leuten? Was hat der Gläubige unterm Strich anderen Menschen voraus?

Die christliche Tradition hört aus den Versprechen, die Gott dem Abraham gab, vor allem eines heraus: „Ich werde dich segnen. Ein Segen sollst du sein“ (Gen 12,2). Damit ist eigentlich alles gesagt, was sich gläubige Menschen erwarten. Der Glaube verspricht kein schmerzfreies und problemloses Leben. Auch Gläubige haben hart an den Lasten des Lebens zu tragen. Aber sie wissen sich gesegnet.

Persönlich habe ich oft den Eindruck, Gott hätte nichts anderes zu tun, als sich um mich zu kümmern, wie es bei Abraham den Eindruck gibt, Gott hätte in der weiten Welt nur ihn im Auge. Diese Erfahrung mache ich auch in steileren Abschnitten meines Lebens. Gerade dann weiß ich mich von Gott behütet. Psalm 23 fällt mir ein: „Muss ich auch wandern in finsterer Schlucht, ich fürchte kein Unheil. Denn du bist bei mir.“

Gesegnet sein heißt also nicht, ab und zu ein wenig „Weihwasser" von Gott abzubekommen. Segen heißt, ständig im Schutzraum Gottes zu leben. Ist das nicht egoistisch gedacht, ich der Gesegnete, die anderen die Nichtgesegneten? Nein! Abraham erhielt keinen Single-Segen nur für seinen Haushalt. Er wurde gesegnet, um selbst ein Segen zu sein für alle Völker der Erde. Wen Gott segnet, den macht er zu einem Segensbringer für die Welt.

- Segnen wir einander oft in Gedanken, mit Worten und durch Segenszeichen.

Christus, der Herr,
sei in dir, vor dir, hinter dir, unter dir und über dir, zu deiner Rechten und zu deiner Linken,
wenn du schläfst und wenn du erwachst.

12 Der Glaube lebt vom Tun

Vielleicht werden über das Thema Glaube zu viel gelehrte Bücher geschrieben. Ganz sicher trifft dieses Übermaß auf Diskussionen über Glaubensthemen zu. In unserer Gesellschaft kann jeder seine theologische Meinung abgeben, ob er vom Fach ist oder nicht. Das ist nicht gut. Bescheidenheit in Glaubensfragen wäre gefragt. Experte des Glaubens wird man nicht durch die Fülle an Worten, als vielmehr durch ein Leben aus dem Glauben. Deshalb sind die eigentlichen Fachleute die, die den Glauben einfach tun.

Ich denke vorwiegend an Menschen, die durch Leid geprüft werden und gerade dadurch im Glauben bewährt sind. Vor solchen Leuten habe ich große Achtung. Wir können schön vom lieben Gott reden, wenn wir ein Dach über dem Kopf haben, wenn täglich der Tisch gedeckt ist und das Leben in halbwegs geordneten Bahnen verläuft. Wenn aber Christen auf der Schattenseite der Erde leben müssen und dennoch Gottes Größe und Liebe bezeugen, nimmt die Glaubwürdigkeit zu.

Es tut jedem von uns gut, ab und zu ein Glaubenszeugnis eines solchen Menschen zu hören.

Die mediale Welt erlaubt uns, quer durch die Kontinente zu surfen und die Schicksale unserer bedrängten Schwestern und Brüder kennen zu lernen. Auch auf dem Buchmarkt gibt es das eine oder andere Mut-Macher-Buch im Glauben. Besonders wertvoll sind Freunde oder

Familienangehörige, deren Glaube wetterfest geworden ist. Gerade, wenn wir selber Schwankungen im Glaubensleben unterworfen sind, helfen uns Menschen, deren Glaube in Kälte und Hitze gereift ist. An ihnen können wir uns aufrichten.

- Machen wir uns auf die Suche nach authentischen Glaubenszeugnissen von reifen Christen (Buch, DVD, Internet, Gespräch).

Herr, schenke meinem Glauben leuchtende Vorbilder,
die mich motivieren.

13 Der Glaube hat sechs Buchstaben

G … wie **G**ottvertrauen. Wer glaubt, vertraut Gott mehr als seinem eigenen Geschmack.
L … wie **l**ebendige Verbindung. Der Draht zwischen ihm und uns darf nicht abreißen.
A … wie **a**ktiv. Wer glaubt, bleibt nicht untätig stehen.
U … wie **u**nmöglich. Bei Gott ist nichts unmöglich, verkündete der Engel Maria.
B … wie **b**ehutsam. Der Glaube will wie eine Pflanze gepflegt werden.
E … wie **e**cht. Der Glaube befreit uns vom Bedürfnis, mehr zu scheinen als zu sein.

Ein Gläubiger ist demnach ein lebendiger, aktiver, behutsamer und echter Christ, der Gott sein ganzes Vertrauen schenkt und manchmal scheinbar Unmögliches von ihm erwartet.

- Bemühen wir uns um Aufrichtigkeit in unserem Reden und Tun.

Herr, lass mich im Glauben
kleine Fortschritte machen.

14 Der Glaube überschreitet Grenzen

Der Glaube hat viel mit Grenzen zu tun. Relativ oft erzählen Menschen, dass sie in Grenzsituationen des Lebens besondere Glaubensmomente hatten. Wer einmal um Haaresbreite einem Unglück entronnen ist, stellte sich fast unweigerlich die Frage: Woher kam mir Hilfe? Auch in den Grenzbereichen des Lebens wie Geburt und Tod legt sich mehr als sonst die Beschäftigung mit Glaubensfragen nahe: Woher kommt der Mensch und wohin geht die Reise?

Betende Menschen dürfen manchmal die Erfahrung machen, dass der Glaube die Zeitgrenze verschiebt. Ein Hauch von Ewigkeit stellt sich ein. Einige von uns haben schon erlebt, wie die gläubige Sicht auf alltägliche Dinge uns fähig macht, kleine Grenzen zu überschreiten oder zumindest zu verschieben. Angewandter Glaube relativiert manche Grenze oder steigert unsere Kraft.

Der Glaube hat auch gegen Grenzen anzukämpfen. Oft sind sie nicht außerhalb angesiedelt, sie liegen in uns. Das Glaubensleben ist ein ständiges Überwinden der Schwachheiten unserer menschlichen Natur: Wir sind müde, überfordert, feig, unausgeglichen, enttäuscht von Menschen und manchmal auch von Gott.

Wenn wir in solchen Situationen nicht aufgeben und, anstatt die Grenzen enger zu setzen, im Glauben einen Schritt weitergehen, schenkt uns Gott ab und zu die Erfahrung einer Grenzerweiterung. Gläubige Menschen haben nicht weniger Probleme, aber mehr Lösungsansätze. In Psalm 18 werden dem Glaubenden folgende Erfahrungen zugesprochen: „Er führte mich hinaus ins Weite … Mit meinem Gott überspringe ich Mauern.“

Die letzte und größte Grenze unseres Lebens ist der Tod. Seit Jesus sie geöffnet hat, ist sie nicht mehr definitiv. Der Glaube hat die Kraft, das Tor des Todes für uns in eine Tür zum Leben zu verwandeln.

- Sollte sich mir in den kommenden Tagen eine Schwierigkeit in den Weg stellen, werde ich zuerst im Gebet vor Gott eine Lösung suchen, bevor ich anderswo zu Rate gehe.

„Meine engen Grenzen,
meine kurze Sicht bringe ich vor dich:
Wandle sie in Weite!
Herr erbarme dich!“

Eugen Eckert

15

Der Glaube ist Kontrast

Was mir schon länger auffällt: Ob ich mit getauften Katholiken am selben Tisch sitze oder mit Konfessionslosen, macht zunehmend keinen Unterschied. Woran mag das liegen? Nach meiner Einschätzung liegt es daran, dass viele Christen verlernt haben, Salz der Erde zu sein, wie uns Jesus in der Bergpredigt aufgetragen hat (Mt 5,13). In der Art und Weise, wie ein Christ denkt, redet und handelt, muss ein Kontrast sein zu dem, wie man in der Gesellschaft denkt, redet und handelt. In Fragen des Lebensschutzes, in Bezug auf Ehe und Familie, was den Wert der materiellen Dinge anbelangt, in der Art mit Gott und über Gott zu sprechen … in vielen Bereichen unterscheidet sich unsere christliche Werteskala von der gesellschaftlichen.

Wenn wir aufgrund unseres gebildeten christlichen Gewissens öfters anderer Meinung sind als andere, soll uns das nicht beunruhigen. Es kann ein Zeichen für die Echtheit unseres Glaubens sein. Wenn wir aufgrund des Glaubens manchmal kontrovers Stellung beziehen, ist das kein Friedensbruch, sondern lädt zum Nachdenken ein. Der Glaube provoziert nicht den Kontrast, aber er lässt ihn zu, wenn höheres Gut auf dem Spiel steht. Unser persönlicher Glaube gewinnt an Kraft, wenn wir Christus und der Wahrheit nichts vorziehen, auch nicht die angenehme Harmonie um des lieben Friedens willen.

Im „Tagebuch eines Landpfarrers“ erinnert Georges Bernanos an unsere Sendung als Christen: „Gott hat nicht geschrieben, wir seien der Honig, sondern das Salz der Erde … Salz auf die nackte, lebendige Haut – das brennt! Aber es verhindert auch die Verwesung." Es kann zunächst unangenehm wirken, wenn durch uns das Salz der Wahrheit in die Wunden der Gesellschaft fällt. Aber gutes Salz weckt auch Geschmack. Dazu noch einmal Georges Bernanos: „Das große Unglück dieser Welt ist nicht, dass es Gottlose gibt, sondern dass wir so mittelmäßige Christen sind!"

- Ich nehme mir bewusst vor, in den kommenden Tagen meine Glaubensüberzeugung vor anderen nicht zu verstecken.

Herr, wir erlauben dir,
uns zu würzigen, kontrastreichen
Christen umzugestalten.

16 Der Glaube ist mehr

Zwischendurch eine kleine Aufklärung: Die Leser werden hoffentlich bemerkt haben, dass keiner der Beiträge beansprucht, das Thema „Glaube" voll auszuschöpfen. Es geht um eine Suchbewegung, die den Fokus einmal auf diesen, ein anderes Mal auf jenen Aspekt des Glaubens richtet. Das festzustellen entlastet den Schreiber und vielleicht auch die Leser. Auf jeden Fall ist es mit ein Grund für die Wahl des Themas: Der Glaube ist mehr!

Ich erinnere mich an mein Theologiestudium. Im Fach Dogmatik beschäftigten wir uns mit einer wichtigen Grundregel in Bezug auf alle Aussagen über Gott: „Von Schöpfer und Geschöpf kann keine Ähnlichkeit ausgesagt werden, ohne dass sie eine größere Unähnlichkeit zwischen beiden einschlösse" (IV. Laterankonzil). Wenn wir z.B. sagen: Gott ist der Ewige, der Gerechte, der Heilige, der Barmherzige, die Liebe …, dann ist die Bedeutung dieser menschlichen Worte nur in einem analogen Sinn auf Gott anzuwenden. In Wirklichkeit ist Gott anders im Sinn von „mehr". Alle unsere Begriffe und Vorstellungen reichen eben nicht aus, um uns im Glauben Gott zu nähern.

Thomas von Aquin hatte einige Monate vor seinem Tod eine Gotteserfahrung, die ihm diese Unähnlichkeit seines großartigen theologischen Werkes gegenüber der Wirklichkeit Gottes bewusst machte: „Alles, was ich geschrieben habe, scheint mir wie Stroh zu sein im Vergleich mit dem, was ich gesehen habe und was mir offenbart worden ist."

Wenn aber Gott das große „Mehr" ist, dann ist auch der Glaube immer mehr als … Das ist das Schöne am Glauben, dass wir nie am Ende sind. Es lohnt sich immer, mehr in den Glauben zu investieren, um in der Folge mehr von Gott zu erkennen.

- In dieser Woche möchte ich mir mehr anbetendes Staunen über Gott vornehmen.

More love, more power, more of you in my life.
I will worship you with all of my heart.
I will worship you with all of my mind.
I will worship you with all of my strength.
For you are my Lord.
And I will seek your face with all of my heart.
And I will seek your face with all of my mind.
And I will seek your face with all of my strength.

Worshipsong von Jude Del Hierro

17 Der Glaube ist ein Entschluss

Ab und zu klagen Christen über Glaubenszweifel. „Gibt es Jesus wirklich?“ „Ich fühle Gott nicht!“ Solche Zweifel habe ich auch bei Jugendlichen entdeckt. Wenn jemand so etwas mitteilt, ist es zunächst wichtig, herauszufinden, wo mögliche Ursachen liegen.

Es kann sein, dass die Informationsquellen mangelhaft sind. Ein Christ soll die Grundlagen des Glaubens kennen und mit seiner Vernunft erforschen. Papst Benedikt XVI. hat wie kein anderer zuvor die wechselseitige Beziehung von Vernunft und Glaube meisterhaft verteidigt. Der Gläubige hat ein Recht zu wissen, worauf er sich einlässt. Leider ist der Bildungsstand in Glaubensfragen vielfach auf niedrigem Niveau. Meine Empfehlung: kompetente Information und Weiterbildung im Glauben!

Die andere Schwierigkeit ist der Mangel an gefühlsmäßiger Zustimmung zum Glauben. Unsere Generation leidet in dieser Hinsicht besonders. Vielleicht ist das deswegen so, weil wir in einer technisch hoch organisierten Welt leben und uns vom Glauben einen emotionalen Ausgleich erwarten. Bei jungen Menschen kommt hinzu, dass der Übergang von der gefühlsbetonten kindlichen Phase zum reifen Glauben naturgemäß mit Schwankungen verbunden ist. Meine Empfehlung: Gefühle nicht überbewerten!

Glauben schließt noch eine andere menschliche Fähigkeit mit ein: den Willen. Vernunft, Gefühl und Wille, alle drei gehören zusammen. Der Glaube ist auch ein Entschluss.

Täglich neu entschließe ich mich, die mir von Gott geschenkte Gabe einfließen zu lassen in mein Leben. Ob ich durch den Tunnel gehe oder ob mir die Sonne ins Gesicht scheint, ob ich weine oder lache, ich lasse nicht ab von meinem Gott, der sich mir in Jesus Christus zeigt. Indem ich täglich und gewissenhaft meine Zeit mit Gott verbringe, erkenne ich den nächsten Schritt. Wichtig ist, dass ich das, was ich im Glauben bereits erkannt habe, in meine täglichen Handlungen einbaue. So entdecke ich langsam Gottes Spur. Dieser folge ich vertrauensvoll, auch wenn ich sie oft erst im Nachhinein sehe.

- Üben wir uns in unserem Entschluss, im Glauben täglich ein Stück weiterzugehen.

„O Herr, ich sage nicht:
‚Ich will dir folgen, wohin du gehst',
denn ich bin schwach.
Aber ich gebe mich dir, dass du mich –
wohin immer – führst.
Ich will dir folgen und bitte nur um Kraft für meinen Tag."

John Henry Newman

18 Der Glaube übersteht Krisen

Schon länger gibt es im deutschen Sprachraum die Kür zum sogenannten „Unwort des Jahres". Aus der Perspektive des Glaubens würde ich das Wörtchen „Krise" für die engere Auswahl als Unwort vorschlagen. Der Negativbegriff „Krise" verbreitet und vermehrt sich täglich wie ein Ketten-SMS: Krise, Krise, Krise ... Bei der Suche auf Google ergibt „Krise" mittlerweile über dreißig Millionen Treffer.

Kein Wunder, dass bei dieser medialen Kettenreaktion auch Kirche und Glaube von einer Krise zur anderen geredet werden. Aus gläubiger Sicht, also vom Wesen der Kirche her, ist Krise weder etwas Neues noch Ungewöhnliches. Jedes Menschenleben ist ein existentieller Krisenfall: eine Fehlgeburt, ein Unfall, eine Krankheit, der Tod. Auch die moralische Krise begleitet täglich unser Leben: Wir werden angelogen, Beziehungen zerbrechen, es gibt Intrigen und Streit.

Hat Jesus, der Gründer der Kirche, ein krisenfreies Christentum versprochen? Nein! Sein eigenes Leben und das seiner Jünger war, wenn man so will, von einer Dauerkrise überschattet: Verlust des öffentlichen Ansehens, rapider Rückgang der Zahl der Anhänger, Inkompetenz seiner Jünger, Verrat in den eigenen Reihen, Leitungsschwäche des Petrus, das Erleiden des gewaltsamen Todes.

Was hat dann Jesus überhaupt Neues gebracht? Wir Christen glauben, dass Jesus die zwei eigentlichen Krisen des Menschenlebens in seiner Person überwunden hat: Die existentielle und die moralische. Jesus hat nichts kleingeredet, sondern die Dinge von innen her verändert. Obwohl er als Mensch ohne Sünde und als Gottes Sohn unsterblich war, nahm er Sünde und Tod auf sich und öffnete in seiner Auferstehung das Tor zu Vergebung und Leben.

Wir als Kirche werden nie sagen können: Wir haben alle Krisen bewältigt. Die Jünger stehen nicht über ihrem Meister (vgl. Lk 6,40). Wir sind nicht besser als andere, aber wir haben das Heilmittel in unserer Mitte: Christus, den Erlöser. Der Glaube an ihn trägt uns über die Krise hinaus. Die Kirche ist ein Kriseninterventionsteam für die Notfälle von Sünde und Tod. Wer von der Kirche und vom Glauben anderes erwartet, wird morgen wieder eine neue Krise entdecken.

- Als Beitrag zur Erneuerung der Kirche werde ich an mir selber etwas Kleines ändern.

„Herr, erneuere deine Kirche
und fange bei mir an."

Aus China

19 Der Glaube ist familiär

In gesellschaftlichen Diskussionen macht es einen Unterschied, ob wir aus der Position von Außenstehenden oder als Betroffene mitreden. Dieser Unterschied wird besonders offenkundig, wenn über Glaube und Kirche gesprochen wird.

Wir Christen können über unseren Glauben an Jesus Christus nie wie neutrale Beobachter sprechen. Religionsdebatten sind etwas anderes als Glaube. Der Glaube als solcher kann nicht abstrakt abgehandelt werden. Glauben ist nicht: über Gott reden. Glauben ist: mit Gott reden. Es geht um ein familiäres Verhältnis zu Gott in Jesus Christus. Das kommt von daher, dass wir als getaufte Christen nicht mehr Außenstehende sondern Familienmitglieder im Haus Gottes sind (vgl. Eph 2,19).

Natürlich gib es Theologie als wissenschaftliche Beschäftigung mit Gott. Aber selbst dort entdeckt der gläubige Theologe, dass Gott nicht Objekt, sondern Subjekt seines Forschens sein will.

Darf ich wieder einmal persönlich werden: Ich habe mir in meinem Leben vorgenommen, über Gott, Jesus, Kirche, Amtsträger und Mitchristen immer in familiärer Weise zu denken und zu reden, wie ein Angehöriger über seine Familie. Die katholischen Dogmen und die kirchliche Moral sind für mich keine von außen auferlegte Regel, sondern gemeinsame Familientradition. Ich liebe meine Familie – trotz ihrer Mängel.

- Ein Satz von Papst Benedikt XVI. als Begleiter in aktuellen Fragen zu Glaube und Kirche: „Ich bitte nur um jenen Vorschuss an Sympathie, ohne den es kein Verstehen gibt.“

„Vater, alle sollen eins sein.“

Joh 17,21

20

Der Glaube ist eine Reform

Wie lässt sich eine Gesellschaft reformieren? Erfahrungen zeigen, dass Reformen leichter einzumahnen als durchzuführen sind. Ab und zu gelingt mit einem Umbau in der Struktur eine gesellschaftliche Richtungsänderung. In den meisten Fällen jedoch scheitert das Reformunternehmen am Personal. Strukturelle Veränderungen versprechen nur insofern Erfolg, als auch die Menschen reformorientiert sind. Ein neues Betriebssystem allein ist noch keine Reform.

Großes Reformpotential liegt auf jeden Fall dort, wo der Glaube gelebt wird. Stellen wir uns z. B. vor, viele christliche Politiker würden sich an das Wort „Geben ist seliger als Nehmen" (Apg 20,35) halten. Das hätte weltweite Auswirkungen. Oder eine große Zahl katholischer Unternehmer würde sich an der kirchlichen Soziallehre orientieren. Das hätte wirtschaftliche Folgen. Aber wir brauchen gar nicht so großräumig denken. Es genügt vorerst, wenn sich in einer Familie oder einer Pfarrgemeinde mehrere Christen ernsthaft um Fortschritte im Glaubensleben bemühen.

Der Glaube ist deshalb reformorientiert, weil er dort beginnt, wo unser entscheidender Machtbereich ist: im eigenen Herzen. Der Gläubige sucht nicht dadurch die Welt zu verbessern, dass er anderen vorgibt, was sie zu verbessern haben. Er entdeckt und weckt vielmehr die erneuerbaren Energien in seinem persönlichen Leben. Auf diese haben wir Einfluss im Glauben.

Dem Apostel Paulus zufolge beginnt die christliche Reform mit der „Erneuerung des Denkens“ (Röm 12,2). Die konstante Ausrichtung unseres Herzens auf Gottes Wort bringt langsam, aber sicher ein neues Denken hervor. Diesem werden Taten folgen. Es reformiert sich etwas.

- Ich versuche, dem Heiligen Geist zu erlauben, in wenigstens eines meiner alten Denkmuster einzugreifen.

„Heiliger Geist – Quelle der Wahrheit!
Überrasche mich mitten im täglichen Leben.
Verwandle mich in meiner Erkenntnis.
Treibe mich, wenn ich nachlasse.
Sammle mich auf, wenn ich ziellos irre.
Breche mich auf, wenn ich erstarre.“

Aus dem Jugendgebetbuch „Youcat“

21

Der Glaube ist Gehorsam

Der erste Beitrag dieses Glaubensbuches war dem Thema Hören gewidmet. Dazu gibt es jetzt eine Fortsetzung. Wenn am Anfang des Glaubens das Hören steht, muss es in der Folge zu einer Antwort auf das Gehörte kommen. Wer zur Erkenntnis gekommen ist, dass Gott uns sein Wort mitgeteilt hat, will diesem Wort seine Zustimmung geben. Weil Gott es ganz verbindlich mit uns meint, können wir nicht unverbindlich bleiben. Glauben bedeutet also, Gottes Worten verbindliche menschliche Antworten zu geben. Wir können es Vertrauen nennen, ehrliches Bemühen, Gewissenssache oder Liebe, ganz kommen wir um das Wörtchen „gehorchen" nicht herum.

Viele verzichten heute auf das Wort Gehorsam, weil es im Laufe der Geschichte oft missbraucht wurde. Das aber ist nicht hilfreich, besonders in Sachen des Glaubens. Die Meinung, weniger „Glaubensgehorsam" bedeute mehr Fortschritt oder Freiheit, kann ich nicht teilen. Meine Erfahrung lehrt mich, dass der Verzicht auf das Gehorchen im Glauben eher dazu führt, uns anderen Autoritäten unterzuordnen. Es entstehen Abhängigkeiten von Tagesmeinungen, man unterwirft sich dem Trend, wir folgen dem Bauchgefühl, das eigene Ich gibt den alleinigen Ton an …

Aus dem Philipperbrief stammt ein Satz, der im christlichen Gottesdienst rund um den Karfreitag seinen festen Platz gefunden hat: „Jesus Christus war gehorsam bis zum Tod" (Phil 2,8). Das menschliche Wollen blieb bei Jesus mit dem göttlichen Wollen vollkommen eins bis in die äußerste Erprobung. Durch dieses freie und liebevolle Gehorchen befreite er die von Gott davongelaufene Menschheit von ihrem Gottesmangel und stellte die ursprüngliche Harmonie zwischen Gott und Mensch wieder her.

Den Weg, den Jesus uns als „Urheber des Glaubens" (Hebr 12,2) vorgezeichnet hat, gehen wir Christen im Glaubensgehorsam nach. Statt „mein Wille geschehe" sagen wir „dein Wille geschehe". Dazu eine Frage: Was sind die größten Feinde des Glaubens? Nicht so sehr der Atheismus oder Verfolgungen von außen, viel eher die vielen „Ja, aber" und die „unter diesen Umständen vielleicht doch nicht"!

Maria, Josef, Johannes, Petrus, Paulus, Martin, Benedikt, Hildegard, Dominikus, Franziskus, Brigitta, Katharina, Ignatius, Teresa, Edith Stein … das sind nur ein paar ausgewählte Namen für die vielen, die Gott im Gauben gehorchten. Er sprach sie an, in Freiheit hörten sie den Ruf und antworteten ihm mit hoher Verbindlichkeit.

- Anstatt meinen Willen durchzusetzen oder mich auf meine Gefühle zu verlassen, lerne ich zu Gottes Willen Ja zu sagen.

„Dein Wille geschehe."

Mk 6,10

22 Der Glaube ist ein Plus

Franziskus war noch keine drei Tage Papst, da hat er uns bereits tief in das ABC des Glaubens eingeführt. In seiner ersten Predigt erinnerte er an den Unterschied zwischen einer wohltätigen NGO und der Gemeinschaft der Kirche. Papst Franziskus wurde dabei sehr deutlich: Es kann jemand Bischof, Kardinal oder Papst sein, wenn ihm aber eines fehlt, hat er das Wesentliche nicht getan. Was ist dieses Eine? Es ist: Christus, dem Gekreuzigten, als Jünger nachfolgen!

Papst Franziskus steht mit seiner Aussage über Jesus und das Kreuz in den Spuren seines Namenspatrons aus Assisi: Nachdem dieser die Stimme des Herrn vor der berühmten Kreuzikone vernommen hatte, entschied er sich, durch Nachfolge des armen und gekreuzigten Jesus die Kirche aufzubauen, wie es das Evangelium nahelegt. Dieser Entschluss war ein großes Plus für die Kirche und die Menschheit.

Mit Jesus nachfolgen ist weder das Tragen eines Schmuck-Kreuzes noch die bloße Verehrung gemeint. Jesus, der Gekreuzigte, will im Nach-Gehen erkannt und geliebt werden. Sören Kierkegaard hat dazu Bemerkenswertes geschrieben: „Die Bewunderer gehen einer letzten Entscheidung für Jesus geschickt aus dem Wege. Die Nachfolger verbinden ihr Schicksal vorbehaltlos mit dem Schicksal Jesu. Bewunderer fragen: Was habe ich von Jesus? Die Nachfolger fragen: Was hat Jesus von mir? Die Bewunderer sonnen sich gerne und oft im Glanze Jesu.

Die Nachfolger wenden sich gerne willig dem Elend der Welt zu. Nein – Jesus will keine Bewunderer; auf sie kann er verzichten. Auf Nachfolger nicht."

Hemmt diese Art von Glauben nicht die eigene Freude? Nein! Das Kreuz ist ein Pluszeichen, schon rein optisch. Auf Musikpartituren weist das Kreuz darauf hin, dass eine Erhöhung stattfindet. Der Glaube sagt uns: Willst du mehr vom Leben haben, dann folge Jesus, dem Gekreuzigten. Er verschenkte sein Leben und fand es. Er verzichtete auf sein „Ich" und verwirklichte es gerade dadurch. Benedikt XVI. zog bei seiner letzten Audienz als Papst ein Resümee seiner eigenen Erfahrung mit dem Kreuz des Herrn: „Ich durfte erleben und erlebe es gerade jetzt, dass einem das Leben eben darin geschenkt wird, dass man es weggibt."

- In einem speziellen Bereich des Evangeliums versuche ich, Jesus bewusst nachzufolgen, z. B. im geduldigen Ertragen von Mühen und Schwierigkeiten.

„Dir will ich folgen, Herr, auf deinem Weg will ich gehen.
Ich will dir folgen auf dem Weg der Liebe
und dir mein Leben schenken für die Welt.
Ich will dir folgen auf dem Weg des Leidens,
und dein Kreuz wird uns erlösen.
Ich will dir folgen auf dem Weg der Freude,
und dein Licht wird uns leiten.
Dir will ich folgen, Herr."

Marco Frisina, Ti sequiro, frei übersetzt

23

Der Glaube ist liebevolles Vertrauen

Von den zwölf Aposteln sagen uns einige Namen mehr, andere weniger. Besondere Assoziationen verbinden wir mit Thomas. Sein Name steht für das Thema „Selig, die nicht sehen und doch glauben“ (Joh 20,29). Thomas wollte sich nicht auf die Erfahrungen anderer verlassen, sondern auf seine eigenen fünf Sinne. Deshalb erhielt er den Übernamen „der ungläubige Thomas“. Was ist daran so tadelnswert, wenn ein Mensch nicht leichtgläubig ist, sondern seinen Glauben auf eine sichere Basis stellen will?

Die Glaubensschwäche, an der Thomas an den Tagen nach der Auferstehung Jesu litt, war nicht seine Forderung nach gründlichen Anhaltspunkten, es war eher seine Vergesslichkeit. Wie die anderen Jünger auch, hatte Thomas große Lücken in seinem Erinnerungsvermögen. Der schreckliche Tod ihres Meisters war für sie ein derartiger Schock, dass sie fast alles vergessen hatten, was vorher gewesen war: die großen Zeichen, die Jesus gewirkt hatte, seine Worte, die sie überzeugt hatten. Die Apostel hatten in Jesus den „Sohn des lebendigen Gottes“ (Mt 16,16) erkannt und ihm ihr ganzes Vertrauen geschenkt. Ihr Glaube war so weit gegangen, dass sie für ihn alle übrigen Sicherheiten des Lebens wie Familie und Besitz aufgegeben hatten. Am entscheidenden Punkt aber erlitt ihr Vertrauen in Jesus den großen Einbruch. Sie konnten mit seinem Tod nicht gläubig umgehen.

Der auferstandene Jesus half dem Glauben seiner Jünger wieder auf die Beine. Auch die Zweifel des Thomas verstand Jesus zu zerstreuen, indem er sich von ihm sehen und berühren ließ. Damit gab uns Jesus zu verstehen, dass auch unser Glaube in den Prüfungen des Lebens standhalten, ja sogar wachsen kann, wenn wir uns von ihm helfen lassen. Mit seinem Wort „Selig, die nicht sehen und doch glauben" will er uns ermutigen, in schlechten Zeiten keine neuen Beweise zu fordern, sondern uns an alles zu erinnern, was in guten Zeiten an Vertrauen in uns gewachsen ist. Wenn Menschen in dunkler Nacht noch immer glauben können, ist das kein selbstsicherer oder verzweifelter Trotzdem-Glaube, es ist ein Glaube, der zu liebevollem Vertrauen gereift ist.

- Rufen wir uns möglichst oft und lebhaft jene Strecken unseres Lebens in Erinnerung, in denen der Glaube uns förmlich getragen hat. Das wird unserem Glauben in schwierigeren Zeiten standhalten helfen.

„Lehre uns erkennen,
dass sich der Glaube in liebevolles
Vertrauen verwandeln muss,
um ausharren zu können
und fruchtbar zu sein."

Mutter Julia Verhaeghe

24 Der Glaube ist nicht kompliziert

Leute mit Vorliebe für schnelle Lösungen tun sich mit dem katholischen Glauben manchmal schwer. Er sei zu kompliziert! Fragt man nach, in welcher Hinsicht der Glaube kompliziert ist, gehen die Antworten in Richtung Dogma und Moral.

Ein gewisses Verständnis für Menschen mit solcher Denkweise kann ich aufbringen: Sie kennen den Glauben vielleicht nur von außen, im Status eines Beobachters. Ich vergleiche das mit zwei unterschiedlichen Methoden des Hausbaus. Jemand kann ein Haus nach statischen und architektonischen Formeln untersuchen – ohne darin zu wohnen. Und jemand anderer kann dasselbe Haus wohnlich einrichten und darin seine Heimat finden. Was für den einen ein komplexes Gebäude ist, ist für den anderen sein Eigenheim.

Überaus wichtig sind für den Glauben Erfahrungen von Beheimatung im Katholischen. Wer durch Familie, Pfarrgemeinde, Jugendgruppe oder Gebetskreis eingebunden ist in ein christliches Milieu, hat ganz andere Chancen, den Glauben in seinen Zusammenhängen kennen zu lernen. Der christliche Glaube ist eben keine reine Buchreligion. Wer die Bibel bzw. den Katechismus der katholischen Kirche studiert, braucht gleichzeitig den Wohnraum, um Glauben zu lernen.

Gute Erfahrungen in Bezug auf Einfachheit des Glaubens mache ich als Religionslehrer mit Kindern der Grundschule. Je existentieller und familiärer Kinder mit den Inhalten des Glaubens in Berührung gebracht werden, desto treffsicherer sind ihre Erkenntnisse über den Glauben. Oft bin ich überrascht von der gläubigen Logik von Kindern, die scheinbar schwierige Themen des Glaubens auf den Punkt bringen können.

Ein paar Kostproben. Auf die Frage, „Wie stelle ich mir Jesus vor?“, gaben Kinder folgende spontane Antworten: „wie seinen Vater“, „wie ein Licht im Dunkeln“, „wie etwas Unsichtbares, denn Jesus ist so voller Licht, Wärme, Hoffnung und Liebe, dass ihn keiner sehen kann“, „wie ein Herz, das mir den Weg zeigt, ein Brot, das mich stärkt“, „wie ein Hirte für alle Menschen, für böse auch“, „wie eine Sonne, eine schöne Melodie, das Heiligste, was es je gegeben hat und das Aller-, Allerbeste, was es gibt, nämlich das Leben.“

- Durch kleine und bewusste Glaubensschritte versuche ich immer mehr in die große Welt des Glaubens einzutreten.

Herr, offenbare mir
die wunderbare Welt
des Glaubens
und hilf mir,
komplizierte
Gedankengebäude
abzubauen!

25 Der Glaube ist erprobt

Bei meinen Glaubensartikeln achte ich immer sorgsam darauf, keine Aussage zu machen, die im Nachhinein widerrufen werden müsste. Mit „im Nachhinein" meine ich mögliche Ernstfälle des Lebens: Angenommen, wir Christen wären nur mehr eine gesellschaftliche Minderheit, und starker Gegenwind bläst uns ins Gesicht. Angenommen, eine Epidemie bricht aus, oder eine Naturkatastrophe rafft plötzlich viele Menschen hinweg. Es sterben Kinder, Menschen verhungern, Kriege entstehen … Wer vom Glauben redet, darf solche Ernstfälle des Lebens nicht außer Acht lassen. Die Rede von Gott muss sozusagen im Feuer geläutert sein.

Der Glaube an Jesus bedeutet nicht, dass alles schön geredet wird. Jesus hat nie eine heile Welt versprochen. Er hat auch das ernste Thema des Sterbens nicht übergangen. Ein gewaltsamer Tod war sein eigenes Los. Doch durch seine Auferstehung hat Jesus die letzte verriegelte Tür der Menschheit aufgestoßen. Wer an Jesus glaubt, stützt sich nicht auf schöne Feiern und liebgewordene Traditionen, er verlässt sich nicht auf menschliche Sicherheiten oder gesellschaftliche Vorteile. Wer im christlichen Sinn glaubt, hält sich einfach an Jesus fest, von dessen Auferstehung wir im Glauben voll überzeugt sind. Der Weg mit Jesus kann unter Umständen steinig sein. Aber hinter allen Sonnenuntergängen erblicken wir auch immer den großen Sonnenaufgang. Ein Christ lebt aus dieser letzten Hoffnung, die unser Leben trotz allem erträglich und lebenswert macht.

Unzählige Nachfolger Jesu haben in der Kraft des Glaubens unheilvolle Zustände überwunden. Wer sich die Mühe macht, die Geschichte der christlichen Heiligen zu studieren, entdeckt, dass der Glaube vielfach erprobt ist.

- Ich halte mir das Beispiel eines besonders bewährten Christen vor Augen und lasse mich von seiner Glaubenskraft anstecken.

„Ich glaube an die Sonne,
auch wenn sie nicht scheint.
Ich glaube an die Liebe,
auch wenn ich sie nicht fühle.
Ich glaube an Gott,
auch wenn er schweigt.“

Gebet aus dem Warschauer Ghetto

26 Der Glaube ist mutig

Ein bewusstes Leben aus dem Glauben ist mit Herausforderungen verbunden. Sicher gab es Zeiten, in denen die Ausübung des Glaubens in ein wohlwollendes und förderliches Umfeld eingebettet war. Doch insgesamt sind diese Zeiten selten. Die allgemeine Grunderfahrung eines Christen ist: Es braucht für den Glauben Mut.

Spielen wir ein paar Testbeispiele durch: Wir sind in gemischter Gesellschaft. Vor einer gemeinsamen Mahlzeit möchten wir ein Tischgebet sprechen … Wir fahren mit der Bahn oder sitzen im Flugzeug. Als Lektüre schlagen wir die Bibel auf … Es wird diskutiert über Gott und die Welt. Wir bringen unsere persönliche Einstellung zu Glaube und Kirche ein … Wir befinden uns in einem Urlaubshotel. An der Rezeption erkundigen wir uns nach einem katholischen Gottesdienst am Sonntag ... Wir befinden uns gerade in einem mehrheitlich nichtchristlichen Land. Wir hängen das kleine Kreuz vom Halsband nicht ab …

Wer von sich sagen kann, dass solche Situationen ihn in keiner Weise herausfordern, der hat im Glauben einen hohen Grad an Tugend erreicht. Die meisten von uns werden diese Testbeispiele eher mit leichten Schweißausbrüchen in Verbindung bringen. Unser Glaube an Jesus Christus ist etwas sehr Persönliches. Aus diesem Grund verbindet sich mit seiner öffentlichen Ausübung eine gewisse Angst vor unangenehmen Blicken, unqualifizierten Bemerkungen oder Demütigungen.

Aber es ist nicht nur die Gesellschaft, die uns für den Glauben Mut abverlangt. Auch uns selbst gegenüber benötigen wir Mut zum Glauben. Die gegenteilige Variante ist immer die leichtere. Eine Glaubensübung auszulassen ist bequemer, als im Glauben mehr zu tun. Was gibt uns dann trotzdem Kraft, in der Glaubenspraxis fortzuschreiten? Das Geheimnis liegt darin, dass mehr Mut im Glauben zu mehr Freude am Glauben führt. Jede mutige Entscheidung für Gott schenkt neues Licht am Horizont. Wer mit Gott rechnet, ihn einlässt, ihn festhält, erfährt das Glück der Gottesfreundschaft. Gott gibt uns grundsätzlich immer mehr, als wir ihm zuliebe an Eigeninteressen abgeben. Mut ist der Weg zu dem je größeren Gott.

- „Nichts soll dich verwirren, nichts dich erschrecken. Alles geht vorbei. Gott allein bleibt derselbe.“
  Teresa von Ávila

„Herr, gib uns Mut zum Glauben!“

Kurt Rommel

27

Der Glaube ist resistent

Katholiken wird gelegentlich vorgeworfen, sie seien bildungsresistent. Sie würden moderne Erkenntnisse ignorieren und hartnäckig an veralteten Denkmustern festhalten.

In welcher Hinsicht soll der Glaube Widerstandskraft zeigen? In Bezug auf Bildung sicher nicht! Den Glauben mit der menschlichen Vernunft zu durchdringen, Fragen zu stellen und den Dingen auf den Grund zu gehen, ist Christenpflicht.

Mit resistent sein ist im Kontext des Glaubens etwas anderes gemeint: „Wenn jemand mich liebt, wird er an meinem Wort festhalten" (Joh 14,23). Es geht darum, von Jesus und seiner Botschaft auch bei Gegenwind nicht abzuweichen. Wie in einer treuen menschlichen Beziehung ist auch der Glaube ein Zueinanderstehen in guten und in schlechten Zeiten. Weil der Glaubende zu Recht davon ausgehen darf, dass der Herr treu ist und zu seinem Wort steht, können wir gegenüber allen Auflösungserscheinungen des Glaubens resistent bleiben. Drei aktuelle Formen der Widerstandskraft des Glaubens möchte ich anführen:

Der Glaube ist Mode-resistent. Gläubige Menschen ziehen in wichtigen Fragen des Lebens nicht den Zeitgeist zu Rate. Sie lassen sich auch nicht von Mehrheiten beeindrucken. Der Grund für diese Resistenz ist weder Sturheit noch reines Festhalten an Traditionen. Es ist die innere Freiheit, die der Glaube schenkt. Weil der Glaubende sich von Gott getragen und geführt weiß, wird er in zunehmendem Maß unabhängig von Tagesmeinungen.

Der Glaube ist Alterungs-resistent. Frische und Dynamik im Glauben haben mit dem biologischen Alter nicht viel zu tun. Glaubensstarke ältere Menschen können sehr beweglich sein. Papst Johannes Paul II. z. B. entwickelte sich mit zunehmendem Alter zum Motor einer weltweiten Jugendbewegung. Seine Erfindung der Weltjugendtage offenbarten einen jungen Geist in einem alten, kranken Körper.

Der Glaube ist Witterungs-resistent. Weil Gott uns näher ist als wir uns selbst, können wir auch in stürmischen oder trockenen Zeiten am Glauben festhalten. Wer auf den Herrn sich verlässt, „ist wie ein Baum, der am Wasser gepflanzt ist und am Bach seine Wurzeln ausstreckt: Er hat nichts zu fürchten, wenn Hitze kommt; seine Blätter bleiben grün; auch in einem trockenen Jahr ist er ohne Sorge, unablässig bringt er seine Früchte" (Jer 17,8).

- In den kommenden Tagen bemühe ich mich, mehr auf die Stimme des Gewissens als auf die Stimmen von außen zu hören.

Herr, mache
meinen Glauben
krisensicher,
und schenke mir
innere Freiheit.

28

Der Glaube berührt

Machen wir eine kleine biblische Erkundungsreise zum Wort „berühren". Im Alten Testament wird der Begriff fast durchwegs negativ verwendet. Das Wort steht da im Sinn von: Niemand darf sich in unerlaubter Weise dem Heiligen nähern, oder wer Unreines angefasst hat, muss sich davon reinigen. Im Neuen Testament wird „berühren" so gut wie ausschließlich positiv verwendet. Über neunzig Prozent der neutestamentlichen Einsätze des Wortes „berühren" betreffen heilende Begegnungen. Jesus berührt Menschen und lässt sich von ihnen berühren, bis dahin, dass der Wunsch umgeht, „wenigstens den Saum seines Gewandes" berühren zu dürfen (Mk 6,56).

Woher kommt der auffällige Wandel? Vereinfacht ausgedrückt ist das deshalb, weil im Alten Testament Gott noch im Himmel war, während er im Neuen Testament auf die Erde kam. Seit den Tagen Jesu lässt sich Gott auf menschliche Weise berühren und berührt selbst auf menschliche Art. Da die Menschwerdung Gottes ein unumkehrbarer Vorgang ist, setzt sich diese Form der Gottesbegegnung in unsere Tage fort.

Die Erfahrung, dass Gott Menschen berührt, machen wir Seelsorger oft, besonders in der Spendung der Sakramente. Wenn das Taufwasser über die Stirn der Tochter fließt, oder der Sohn zur Erstkommunion antritt, habe ich schon manche Träne in den Augen von Männern bemerkt, die ich nicht als besonders weichherzig oder religiös sensibel eingestuft hätte.

Manchmal genügt ein gläubiges Wort, die Spendung eines einfachen Segens, das Betrachten eines Bildes, das Anzünden einer Kerze, ein Strahl des Sonnenlichtes, ein Lied … und die Berührung kann sich einstellen. Gott bedient sich gelegentlich sehr schlichter Mittel, um die Seele eines Menschen anzusprechen. Glauben bedeutet, sich von Gott berühren lassen, die Berührung mit Gott suchen und die ausgestreckte Hand des Herrn nicht mehr loslassen.

- Dankbar versuche ich, die mir vom Herrn geschenkten Berührungen anzunehmen und mich möglichst lang am „Saum seines Gewandes" festzuhalten.

„Jesus, berühre mich!"

Albert Frey

29

Der Glaube ist Gabe des Heiligen Geistes

Pfingsten, Taufe, Firmung, Morgen- und Abendgebet sind unter anderem Anlässe, um dem Heiligen Geist danke zu sagen: für das Leben im Glauben. Wir Katholiken gehen davon aus, dass der Heilige Geist der Auslöser war, dass es uns Christen als Glaubende und die Kirche als Glaubensgemeinschaft gibt.

Meine bescheidene Erfahrung mit dem Glauben ist, dass ich ohne den Heiligen Geist keine gute Arbeit mache und dass ohne das Pfingstereignis die Kirche auf verlorenem Posten steht. Schon oft habe ich mir darüber Gedanken gemacht, dass ich meinen Beruf wechseln oder mich gehörig nachschulen lassen müsste, wenn es in der Kirche rein um menschliche Qualifikation ginge. Psychologen, Ärzte, Werbestrategen, Politiker, Medienunternehmer wissen besser als wir, wie sie Menschen ansprechen müssen. Aber darin liegt gerade die Entlastung aller kirchlichen Mitarbeiter: Wir sind gar nicht die Hauptakteure und Letztverantwortlichen für den Erfolg unserer Sache. Der Glaube wird weder von uns erzeugt, noch von uns am Leben erhalten. Alles, was wir tun können, ist die Vorarbeit und Nacharbeit zum Wirken des Heiligen Geistes.

Selbstverständlich schließt der Glaube an den Heiligen Geist unser Bemühen um die Entfaltung menschlicher Qualitäten nicht aus. Natürlich sind diese wichtig, aber nicht erstrangig.

Der Heilige Geist ist Tag und Nacht aktiv. Sein Ideenreichtum ist unbegrenzt. Er kennt unser Herz besser, als wir selbst es kennen. Und seine Kommunikationsfähigkeit übersteigt die Möglichkeiten des World Wide Web unendlich.

Weil der Heilige Geist für den Glauben Geburtshelfer, Beistand, Anwalt und mehr ist, können wir uns gegenseitig nur eines wünschen: den Heiligen Geist!

- „Rufen wir jeden Tag den Heiligen Geist an" (Papst Franziskus), am Morgen nach dem Aufstehen, vor Besprechungen und wichtigen Entscheidungen, im Stress und in Zeiten der Entspannung.

„Heiliger Geist,
öffne mein Herz für das
Wort Gottes,
für das Gute,
für die göttliche Schönheit
in den Dingen des Alltags."

Papst Franziskus

30 Der Glaube macht anderen Mut

Es gibt etwas an Jesus, worüber ich von Jahr zu Jahr mehr staune: sein Umgang mit Mitarbeitern, besonders mit deren Fehlern und Schwächen.

Soweit ich das überblicke, war Jesus nie Ankläger seiner Mitarbeiter. Er stellte hohe Forderungen an seine Nachfolger, gab Steilvorlagen für kirchliche Ämter und war nicht zimperlich im Ermahnen. Aber offenbar machte sich Jesus nie zum Sammler und Jäger der Fehler seiner Jünger. Wir finden bei ihm kein Vorhalten von Schwächen und kein Nachtragen von Versagen. Im Gegenteil, wenn es etwas Vergangenes aufzuarbeiten gab, tat es Jesus vorwärtsgewandt und – ganz im Sinn der modernen systemischen Therapie – ressourcenorientiert. Das beste Beispiel ist Petrus, sein unmittelbarer Stellvertreter. Dessen bittere Entgleisung während des Prozesses seines Meisters wärmte Jesus im Nachhinein mit keinem Wort auf. Stattdessen entlockte er ihm eine dreimalige Freundschafts- und Treueerklärung. Diese bekräftigte Jesus mit einer Bestätigung des Petrus in seinem Amt.

Noch etwas stelle ich mit Bewunderung fest. Jesus, der um das Versagen seiner Mitarbeiter auf dem Weg zu seinem Tod wusste, überhäufte die Jünger nicht mit Ratschlägen und Vorwürfen im Vorhinein. Er sprach ihnen vielmehr Mut zu, feierte ein letztes Mahl mit ihnen und erwies ihnen freundschaftliche Dienste, so als wären die Jünger die Chefs und er der unterste Angestellte. Damit schenkte er ihnen großes Vorschussvertrauen. Im Anschluss an sein Comeback in der Auferstehung gab gerade dieses im Voraus geschenkte Vertrauen den Jüngern Mut zur Reue und zum Neustart in ihrer Beziehung zu ihm.

Dieser Umgang Jesu mit seinen Jüngern macht uns Christen Mut zu einem neuen Umgang miteinander. Wir werden ermutigt zur Revision unseres Verhaltens gegenüber Mitarbeitern, Vorgesetzten und Untergebenen. Der Glaube reicht auch in die sozialen Verhältnisse hinein. Christus gibt Kraft, den stärksten Rivalen in unserem Leben zu besiegen, das dominierende „Ich". Wie leicht verderben Eitelkeit und Kleinlichkeit unsere Beziehungen. Gelebter Glaube lässt Mitmenschen aufatmen, indem er uns ein schlechtes Gedächtnis für deren Schwächen verleiht.

- Versuchen wir, motiviert durch den Glauben, alle Speicher und Aktenordner zu leeren, die wir über die Fehler unserer Mitmenschen angelegt haben.

Herr, lass mich die Hand sein,
die du den Brüdern und Schwestern reichst.
Lass mich dein Mund sein, durch den du ihnen
Mut zusprichst.

31 Der Glaube wächst in Stille

Nachdem ich bereits dreißig Kapitel zum Thema Glaube geschrieben habe, stehe ich momentan an. Nicht, weil mir nichts mehr einfällt. Die Frage ist, ob diese Art von Glaubensvertiefung noch Leute interessiert. In unseren Breiten hat sich mittlerweile viel „Event-Christentum" etabliert. In langen Nächten werden Kirchen für PowerPoint-Slide-Shows geöffnet, Jugendliche sind in Parks und Schlössern zu Festivals geladen, Künstler enthüllen und verhüllen vor und in Kirchengebäuden religiöse Denkmäler …

Müsste ich mir nicht etwas Besonderes einfallen lassen, um neue Aufmerksamkeit zu erregen? Mit dieser Frage im Hinterkopf stieß ich rechtzeitig auf ein Zitat von Sören Kierkegaard. Bei einem Krankenbesuch lag ein Bildband mit Sprüchen auf dem Tisch. Diese Seite war aufgeschlagen: „Wenn alles still ist, geschieht am meisten." Danke Kierkegaard! Du bestärkst mich, den Weg der kleinen, stillen Glaubensschritte weiterzugehen. Im Glauben ist es im Wesentlichen wie bei den Gartenpflanzen: Einmal gesät, wachsen sie in aller Stille heran und werden allmählich groß. So möchte ich den Glauben leben!

Befragen wir kurz zwei Zeugen, ob wir mit dieser Auffassung richtig liegen. Der Prophet Elija machte am Gottesberg Horeb die Erfahrung, dass Gott nicht im gewaltigen Sturm, sondern in einem „leisen, sanften Säuseln" (1 Kön 19,12) zu entdecken ist. Der Prophet Jesaja klagte das Volk an, „die ruhig dahinfließenden Wasser von

Schiloach verachtet“ (Jes 8,6) zu haben. Er meinte damit die stille, schützende Macht Gottes, die wie die verborgene Quelle des Teiches Schiloach in der Mitte des Volkes Gottes wirkt.

In dieselbe Richtung führt uns Jesus, indem er das verborgene Wachstum des Reiches Gottes mit der still wachsenden Saat im Acker vergleicht: „Mit dem Reich Gottes ist es so, wie wenn ein Mann Samen auf seinen Acker sät; dann schläft er und steht wieder auf, es wird Nacht und wird Tag, der Samen keimt und wächst und der Mann weiß nicht, wie. Die Erde bringt von selbst ihre Frucht, zuerst den Halm, dann die Ähre, dann das volle Korn in der Ähre“ (Mk 4,26-28).

Natürlich darf es Feste und Öffentlichkeitsarbeit der Kirche geben. Aber „am meisten geschieht, wenn alles still ist“. Das tägliche, treue und oft verborgene Bemühen ist die eigentliche Wachstumskraft des Glaubens.

- Verzichten wir nie auf die täglichen und beständigen Übungen des Glaubens, die zwar kein Aufsehen erregen, aber den Glauben wachsen lassen.

Herr,
lass mich
täglich neu
den Weg mit dir gehen.
Schenke mir im Glaubensleben
Geduld und Ausdauer.

32

Der Glaube beginnt mit Gottes Liebe

Ein bemerkenswerter Gedankenanstoß von Papst Franziskus: „Es ist schwieriger, sich von Gott lieben zu lassen, als ihn zu lieben!" Beim ersten Hinhören möchte man ihm widersprechen. Es gibt innere und äußere Hürden, die uns die Liebe zu Gott schwermachen. Aber die Liebe Gottes anzunehmen, ist doch einfach, denken wir spontan. Erst bei genauem Hinsehen merken wir, dass der Papst mit seiner Aussage ins Schwarze getroffen hat.

Wir leben in einer Gesellschaft, in der Machbarkeit und Leistung im Vordergrund stehen. Diese Grundhaltung schwappt auch ins Glaubensleben über. Das Annehmen von wirklichen Geschenken ist nur bei Sozialhilfeempfängern üblich. Selbst in der Familie und unter Freunden baut so viel auf Leistung und Gegenleistung auf. Der Glaube aber ist die leere Schale, die wir Gott hinhalten, damit er sie füllen kann. Wer glaubt, ist in erster Linie empfangsbereit gegenüber Gott, erst dann folgen die eigenen Initiativen. Menschen unseres Jahrhunderts müssen wieder lernen, dass es in der Beziehung zwischen Gott und Mensch nicht um die Begegnung von zwei Businesspartnern geht. Gott und wir sind ein ungleiches Paar! Aber Gott liebt es offenbar, uns zu lieben, und wir dürfen seine Liebe dankbar erwidern.

Wie sieht das konkret aus, sich von Gott lieben zu lassen? Soweit ich es verstehe, geht es zunächst um eine Lebenseinstellung. Mich von Gott lieben lassen heißt: Ich bemühe mich täglich, Gottes Spuren wahrzunehmen. Aufmerksam verfolge ich sein verborgenes Wirken in meinem Leben. Mich von Gott lieben lassen bedeutet: Ich bete öfters „zweckfrei", indem ich mir einfach Zeit für Gott nehme und ihm oft danke sage. Mich von Gott lieben lassen ist eine Entscheidung von mir, dass er wie ein Geliebter immer freien Zutritt zu mir hat und sich nie vorher groß anmelden muss.

- John Henry Newman: „Er umgibt dich und trägt dich auf Seinen Armen; Er hört deine Stimme, das Pochen deines Herzens und selbst deinen Atem. Du liebst dich selbst nicht mehr, als Er dich liebt."

„Herr, mache mich zu einer Schale für dich,
aus der du etwas nimmst und in die du
etwas hineinlegen kannst."

Aus Taizé

33 Der Glaube kann Nein sagen

Bei Taufgesprächen erkläre ich unter anderem immer das zweiteilige Taufversprechen. Teil zwei des Versprechens ist die Zustimmung zu den Glaubensinhalten. Sie wird ausgedrückt durch das dreimalige „Ich glaube". Im vorgelagerten Teil eins geht es um eine Abgrenzung gegenüber allem, was nicht von Gott stammt oder nicht zu Gott hinführt. Ausgedrückt wird diese Distanzierung durch das dreimalige „Ich widersage". Schon öfter habe ich mir die Frage gestellt, warum das Nein sagen derart im Vordergrund steht. Warum kam bisher niemand auf die Idee, die Fragen positiv zu formulieren und das Widersagen durch ein Jawort zu ersetzen, im Sinn von: Seid ihr bereit, euch für Gott und für das Gute einzusetzen? Daraufhin Ja zu sagen wäre ganz im Trend des sogenannten positiven Denkens.

Hier ist das Ergebnis meines Nachdenkens, warum es beim Widersagen geblieben ist und bleiben wird: Der Glaube ist realistischer als die Theorie des positiven Denkens. Diese Lehre wurde in Wohlstandsgesellschaften entwickelt. Nur ein geringer Teil der Menschheit kann sich darauf stützen. Wem das Notwendige zum Leben fehlt, kann sich nicht einmal ein Buch oder ein Seminar zu diesem Thema leisten. Extremsituationen wie Krankheit, Krieg, Hunger oder Todesangst lassen an der Kraft des positiven Denkens zweifeln.

Dagegen ist der christliche Glaube sehr realitätsbezogen. Er rechnet mit Widerständen, Hindernissen und Gefahren von allen Seiten. Aber er gibt auch die Kraft zur Bewältigung. Der Glaube schenkt uns das nötige Rückgrat zum Nein sagen, wo es nötig ist; bekanntlich ist in vielen Situationen unseres Lebens ein Nein schwerer übers Herz zu bringen als ein Ja. Der Glaube versetzt uns in die innere Freiheit, auf alle Verführungen zu antworten: ohne mich!

In unserer Taufe und Firmung wurde uns diesbezüglich ein Potential geschenkt, das durch einen lebendigen Glauben aktiviert werden kann. Die Gabe der Unterscheidung hilft uns erkennen, wann wir konkret Ja sagen sollen und wann Nein.

- Zur Erinnerung – die Frage und die Antwort beim Taufversprechen: „Widersagst du dem Bösen, um in der Freiheit der Kinder Gottes zu leben?" „Ich widersage."

Herr, ich sage Ja zu dir, auch wenn es mich ab und zu ein Nein kostet.

34 Der Glaube baut auf

Es gibt so vieles in unserem Leben, das uns nach unten zieht. Ich nenne ein paar Beispiele:

Die Meinung anderer über uns. In einer Gesellschaft, in der jeder laut denken und sagen kann, was er will, ist es kaum auszuschließen, dass auch über uns viel gedacht und gesprochen wird. Was andere über uns sagen und denken, ist ein Tummelplatz für nach unten ziehende Gedanken.

Der Schönheitswahn. Schon Kinder leiden manchmal darunter, wenn ein Körperglied nicht ganz so gestaltet ist, wie es die medialen Bilder als ideale Norm vorgaukeln. Zu meinen, andere seien perfekter als ich, das zieht nach unten.

Die Wellnessreligion. Nach unten gezogen werden wir, wenn wir nach dem Motto leben „Hauptsache gesund". Früher oder später kommen gesundheitliche Mängel oder ernste Erkrankungen. Was ist dann die Hauptsache?

Das Habenwollen. Nach unten ziehen uns überhöhte Erwartungen an das Leben. Je weniger wir gelernt haben, mit unerfüllten Wünschen zu leben, desto mehr werden uns alle Arten von Mängeln in Unruhe versetzen.

Bewusst gelebter Glaube zieht uns langsam, aber sicher in die Gegenrichtung, von unten nach oben. Das Charakteristische am christlichen Glauben ist seine aufbauende

Art. Das hat mit der Auferstehung Jesu als Glaubensgrundlage zu tun. Das ganze Neue Testament bezeugt, dass Jesus Menschen aufgerichtet hat, die sich ihm anvertrauten.

Der Glaube lässt uns fragen, was Gott über uns denkt. Das macht unabhängiger vom Urteil anderer über uns. Der Glaube befähigt uns zur Selbstannahme. Wir lernen anzunehmen, dass wir Gottes geliebte Geschöpfe sind. Der Glaube weckt in uns die Dankbarkeit für alles, was wir haben. Diese erleichtert es, Krankheit und Entbehrung zu ertragen. Der Glaube stellt uns das ewige Leben in Aussicht. Dieser Ausblick verhindert, dass wir alles jetzt schon und sofort haben müssen.

- Lassen wir uns beim Ansturm bedrückender Gedanken von Gott nach oben ziehen.

„Ich hebe meine Augen auf zu den Bergen:
Woher kommt mir Hilfe?
Meine Hilfe kommt vom Herrn,
der Himmel und Erde gemacht hat.“

Psalm 121,1–2

35

Der Glaube schenkt uns Überblick

Den Lesern ist sichern aufgefallen, in welcher Tonart das Wort Glauben in diesem Buch verwendet wird. Mit Glauben meine ich eine Gabe und eine Aufgabe, die Überzeugung und ihre Anwendung, kirchliches Denken und persönliche Gottverbundenheit. Mit dieser Klarstellung im Hinterkopf wollen wir uns wieder auf den Weg des Nachdenkens machen.

Das menschliche Leben ist ein Auf und Ab, ein Hin und Her. Oft verlieren wir uns im Detail und sitzen irgendwo fest. Das komplexe Leben des einundzwanzigsten Jahrhunderts trägt das Seine dazu bei, dass wir die Ziele leicht aus den Augen verlieren. An manchen Tagen ist der Überblick weg. Inwiefern kann uns dann der Glaube aus dem Dickicht heraus helfen?

Der Glaube hebt unseren Blick auf eine andere Ebene. Durch die Übung des Glaubens lernen wir, das Leben nicht nur ein- oder zweidimensional zu sehen. Gott führt uns zu einer mehrdimensionalen Betrachtung der Wirklichkeit. Aus einer A- oder B-Alternative wird manchmal eine C-Lösung. Da Gott die Zusammenhänge unseres Lebens besser kennt als wir, kann er uns im Glauben neue Zugänge und Ausgänge schenken. Worte der Heiligen Schrift zum Beispiel, die wir zu Rate ziehen, können manchmal einen solchen Perspektivenwechsel bewirken.

Der Glaube kommt aus dem Ewigen und relativiert deshalb das Zeitliche. Ein Beispiel: An terminlich besonders dichten Tagen habe ich mehrmals die Erfahrung gemacht, wie das kurze Abtauchen in das Gebet Ruhe ins Getriebe bringt. Da klären sich manche Dinge von selbst, anderes wird erträglicher. Im alltäglichen Vielerlei ist oft schwer zu unterscheiden zwischen wichtig und unwichtig. Die Unterbrechung des täglichen Betriebs zum Zwecke des Betens lässt „unsere Seele ruhig werden und still" (Ps 131,2) und hilft, Prioritäten bewusster zu setzen.

- Bei Stress das Beten nie auslassen und auch nicht kürzen. Eher noch aufstocken!

„Ich bitte nicht um Wunder und Visionen, Herr,
sondern um die Kraft für den Alltag.
Mach mich griffsicher
in der richtigen Zeiteinteilung.
Schenke mir das Fingerspitzengefühl,
um herauszufinden,
was erstrangig und was zweitrangig ist."

Antoine de Saint-Exupéry

36

Der Glaube setzt den entscheidenden Schritt

Als Seelsorger habe ich beobachtet, dass es oft nur ein schmaler Spalt ist, der darüber entscheidet, ob die Tür des Glaubens offen oder zu ist. Viele Menschen gehen im Glauben bis zu einer gewissen Grenze und schrecken dann doch vor dem entscheidenden Schritt zurück. Kurz vor dem eigentlichen Durchbruch kommt es zum Stopp, wie bei einem Flugzeug, das nach dem Beschleunigen nicht abhebt, sondern wieder abbremst und in den Hangar zurückkehrt. Ich erinnere mich an viele pastorale Begegnungen und Gespräche, wo Menschen einen solchen Rückzieher gemacht haben.

Das „Bremsen" im Glauben hat vermutlich unterschiedliche Gründe. Einer der Gründe scheint mir die menschliche Schwerkraft zu sein. Sie hindert uns, bisherige Gewohnheiten aufzugeben, und bindet uns an uns selbst, anstatt uns in einem mutigen Aufschwung in die Hände Gottes zu begeben. Uns Gott ganz anzuvertrauen ist tatsächlich ein Risiko, aber eben eines mit hervorragenden Zusagen von Seiten Gottes. Wer in einem tapferen Schritt die Grenze des eigenen Ich überschreitet, auf den wartet der Herr, um ihm den Schweiß von der Stirn zu wischen und ihn ein Stück hinaus in die Weite zu führen. Der Glaube beflügelt uns zu solchem Vertrauen.

Don Bosco vergleicht diesen vertrauensvollen Glaubensakt mit dem Abheben des Vogels: „Halte dich an Gott wie der Vogel, der doch nicht aufhört zu singen, auch wenn er spürt, dass der Ast nachgibt, weil er weiß, dass er Flügel hat.“

Da uns kein Mensch und nicht einmal Gott diesen entscheidenden Schritt abnehmen kann, bleibt der Glaube unsere eigene, freie Entscheidung. Allerdings können wir füreinander beten und einander ermutigen, dass uns der gläubige Aufschwung gelingt. Ein Glück, wer derartige Glaubenshelfer hat!

- In entscheidenden Augenblicken des Glaubenslebens nicht an die Mühe denken, sondern an das, was der Herr uns verheißen hat!

Herr, verleihe meinem Glauben Flügel,
aber fang mich auch auf,
wenn ich falle.

37 Der Glaube ist ein Licht

Das erste Rundschreiben von Papst Franziskus mit dem Titel „Lumen fidei“ ist eine Fundgrube für unseren Glaubensweg. Im Sinne der Enzyklika dürfen wir den Glauben als ein großes Licht in unserem Leben betrachten. Echter Glaube ist nicht nur ein Ersatz. Mit Sprüchen wie „das muss man halt glauben“ oder „wer glaubt, wird selig“ wird der Glaube leider auf die Stufe eines Ersatzmannes reduziert. Wo nichts anderes mehr hilft, darf er ins Spiel gebracht werden. Dem Glauben wird vielleicht zugetraut, das Herz zu erwärmen oder Trost zu spenden. Aber in den großen Fragen des Menschseins wird ihm gesellschaftlich oft nur ein Schattendasein zugewiesen.

Dem gegenüber stellt die Papstenzyklika die Behauptung auf, dass das Licht des Glaubens die Fähigkeit besitzt, „das gesamte Sein des Menschen zu erleuchten“ (Nr. 4). Die Enzyklika liefert auch eine Begründung, warum der Glaube das Leben als Ganzes hell macht, „weil er alle Ereignisse in Beziehung setzt zum Ursprung und Ziel von allem im Vater, der uns liebt“ (Nr. 55).

Diesen Aussagen stimme ich gerne zu. Es ist ein großer Unterschied, ob wir Menschen unseren Ursprung und unser Ziel vor Augen haben oder nicht. Als Seelsorger berühren mich zwei Formen geistiger Not besonders: Wenn ich Leuten begegne, die ihr Gedächtnis verloren haben, und Leuten, die in ihrem Leben keine Perspektive mehr sehen. Eine ähnliche geistige Not entsteht, wenn die Menschheit den Glauben an ihren Ursprung und an ihr Ziel in Gott verliert. Wo Gott, der Vater, der uns liebt, nicht mehr erkannt und anerkannt wird, herrscht eine Form von geistiger Dunkelheit. Der Glaube hingegen vermag das Menschsein vom Anfang bis ans Ende zu erhellen. Er lässt uns den Ursprung nicht vergessen und stellt uns ein großes Ziel vor Augen. „Wer glaubt, sieht; er sieht mit einem Licht, das die gesamte Wegstrecke erleuchtet, weil es vom auferstandenen Christus her zu uns kommt“ (Lumen fidei, Nr. 1).

- Bitten wir oft um das Licht des Glaubens – auch für unsere Mitmenschen.

„Im Gebet wenden wir uns an Maria,
die Mutter der Kirche und
die Mutter unseres Glaubens.

Hilf, o Mutter, unserem Glauben!
Öffne unser Hören dem Wort, damit wir die
Stimme Gottes und seinen Anruf erkennen.
Erwecke in uns den Wunsch, seinen Schritten zu
folgen, indem wir aus unserem Land wegziehen
und seine Verheißung annehmen.

Hilf uns, dass wir uns von seiner Liebe anrühren
lassen, damit wir ihn im Glauben berühren können.
Hilf uns, dass wir uns ihm ganz anvertrauen,
an seine Liebe glauben, vor allem in den
Augenblicken der Bedrängnis und des Kreuzes,
wenn unser Glaube gerufen ist zu reifen.

Säe in unseren Glauben
die Freude des Auferstandenen.
Erinnere uns daran:
Wer glaubt, ist nie allein.

Lehre uns, mit den Augen Jesu zu sehen,
dass er Licht sei auf unserem Weg;
und dass dieses Licht des Glaubens
in uns immerfort wachse,
bis jener Tag ohne Untergang kommt,
Jesus Christus selbst, dein Sohn, unser Herr!“

Papst Franziskus, Lumen Fidei, Nr. 60

38 Der Glaube ist katholisch

Dass es sich bei meinen Artikeln zum Glauben um den katholischen Glauben handelt, darf ich weiterhin voraussetzen. Das Adjektiv katholisch dient nicht nur als Hinweis auf die Konfession. Es gibt auch die innere Ausrichtung des von Jesus geoffenbarten Glaubens an. Jesus beansprucht in seinen Worten und Taten globale Bedeutung für seine Person: „Geht hinaus in die ganze Welt, und verkündet das Evangelium allen Geschöpfen" (Mk 16,15). Seine frohe Botschaft ist ihrem Inhalt nach katholisch, das heißt alles umfassend, was für unser Heil wichtig ist. Und sie ist ihrer Bedeutung nach katholisch, das heißt alle Menschen und Geschöpfe betreffend. Wir Katholiken glauben, dass zu dem, was Jesus gelehrt und was die Kirche von ihm übernommen und durch die Zeiten herauf zu uns getragen hat, keine Ergänzung nötig ist. Der Glaube ist reich genug, vorausgesetzt, er wird angenommen, gelebt und entfaltet.

Von außen betrachtet mag diese Auffassung des Katholischen überheblich wirken. Aber wir behaupten eben nicht, dass die Kirche die Wahrheit gepachtet hat, sondern dass der mit uns ist, der von sich sagt: „Ich bin die Wahrheit" (Joh 14,6). Der einzelne Katholik kann natürlich nie für sich allein alle Erkenntnis über den Glauben besitzen, aber unsere Gemeinschaft als solche darf sich auf die Zusage Jesu berufen: „Wenn aber jener kommt, der Geist der Wahrheit, wird er euch in die ganze Wahrheit führen" (Joh 16,13).

Dem Glauben ist somit eine große Offenheit eigen. Gläubige sind Teil eines Global Player-Unternehmens der anderen Art. Der Glaube öffnet vor uns eine Türe in die Weite, was Sprache, Kultur und Geschmack anbelangt. Ein gläubiger Christ ist nie Bürger nur einer Nation. Durch die Bindung an Christus entsteht ein neuer Zugang zu allen Menschen und Geschöpfen. Jesus will der Anfang einer neuen Menschheitsfamilie sein, die alle irdischen Grenzen, aber auch die Grenze zwischen Himmel und Erde sprengt.

- Denken wir oft über unseren Zaun hinaus und interessieren uns für Christen in Ägypten, Syrien, Südamerika, China …

„Höchster, allmächtiger und guter Herr,
dein sind der Lobpreis, die Herrlichkeit und Ehre …
Gelobt seist du, mein Herr, mit allen deinen Geschöpfen.“

Franz von Assisi

39 Der Glaube ist vernünftig

Bruder René, ein freundlicher Priester aus dem Franziskanerorden, gab mir den Rat, in den Glaubensartikeln weniger Abstraktes als vielmehr Persönliches zu schreiben. Wie den Lesern sicher aufgefallen ist, folge ich ab und zu seinem Rat.

In all den Jahren meines Dienstes in der Kirche befand ich mich noch nie in der peinlichen Lage, im Namen des katholischen Glaubens etwas „Unvernünftiges" lehren zu müssen. Allerdings wurde ich oft genug von Gesprächspartnern gedrängt, wenigstens „privat" zuzugeben, dass dieser und jener Teil der katholischen Lehre oder der katholischen Wertevorstellung Unsinn ist. Es fiel mir bisher nicht schwer, in solchen Situationen offen zu gestehen, dass es in meinem Fall zwischen äußerem Eintreten für die Lehre der Kirche und innerer Zustimmung keinen Bruch gibt.

Das heißt nicht, dass ich alles für gut und richtig halte, was Menschen innerhalb der Kirche sagen und tun. Aber bezüglich der wesentlichen Punkte der kirchlichen Glaubenslehre und Moral kann ich sagen, dass ich sie ohne Ausschaltung meines Verstandes mit echtem Herzblut vertreten kann.

Natürlich überschreitet unser Glaube oft die rein menschliche Ebene. Er geht über die Vernunft hinaus. Aber er verlangt von uns nichts, was gegen die Vernunft läuft. Manches scheint beim ersten Hinhören schwer verdaulich, ist aber bei genauerer Diagnose doch bekömmlich. Persönlich habe ich z. B. keine Sorge, durch wissenschaftliche Forschung könne eines Tages ein Fundament unseres Glaubens ins Wanken geraten. Im Gegenteil, ich bin überzeugt, dass echte Wissenschaft immer wieder beitragen wird, die Glaubwürdigkeit der Botschaft Jesu zu erhärten.

Es sind ganz unterschiedliche Dinge, die mich von der „Vernünftigkeit" des Glaubens überzeugen: Das gründliche Studium der Theologie und die ständige geistige Weiterbildung in Glaubensfragen. Das Geschenk, Menschen begegnet zu sein, die höchste Bildung und tiefen Glauben in sich vereinen. Das Beispiel der christlichen Märtyrer, denen das Festhalten am Glauben vernünftiger schien als die Rettung des eigenen Lebens. Der Inhalt des Glaubens selbst, der nicht nur mein Herz berührt, sondern auch meinen Verstand nährt.

- Nehmen wir wieder einmal ein gutes Glaubensbuch zur Hand, um darin zu studieren.

„Wir bitten dich, o Gott:
Lehre uns, überall das Gute zu sehen,
wo immer es sich findet.
Bewahre uns vor der Lüge,
die unsere Welt zerstört.
Gib uns den Mut,
in der Wahrheit zu leben."

Papst Johannes Paul II.

40 Der Glaube sorgt für Unruhe

Der Titel ist natürlich herausfordernd formuliert. Aber er ist bibelfest und realitätsbezogen. Christliche Standpunkte sorgen für Unruhe. Das war immer schon so und ist heute nicht anders. Im Großen erleben wir das, wenn in der Gesellschaft Werte zur Debatte stehen. Im Kleinen erfahren wir es, wenn wir uns in einer offenen Runde zu Glaube und Kirche bekennen. Da ist für Zündstoff gesorgt.

Im Grund genommen begann diese Unruhe mit Jesus selber. „Kehrt um" (Mt 3,2) waren die ersten Worte seiner Verkündigung. Wer Menschen zum Nachdenken und Umdenken bringt, wird bald zum Störenfried. Das ist wie das Aufwecken von Schlafenden: „Lass mich in Ruhe" ist noch die harmloseste Reaktion.

Es wäre allerdings völlig falsch, uns Christen als Unruhestifter zu bezeichnen. Gemäß der Bergpredigt Jesu wollen wir Friedensstifter sein, aber nicht um jeden Preis. Die Wahrheit ist uns wichtiger als fauler Friede, Gerechtigkeit steht höher als das Zudecken von Problemen, Ehrlichkeit geht über bloße Harmonie.

Als gläubige Menschen wollen wir nicht klagen, wenn wir in diese Art von Unruhe geraten, wir suchen sie ja nicht durch bewusste Provokation. Wir wollen auch nicht vergessen, die Wahrheit mit Liebe zu mischen, und nie das eine ohne das andere zu verabreichen.

Bevor wir aber über mögliche Unruhen im äußeren Bereich nachdenken, haben wir uns einer anderen Art von Unruhe verschrieben. Es ist die Unruhe in unserem Herzen, die wir als Christen durch nichts verdrängen oder unterdrücken wollen. Augustinus bringt sie auf den Punkt: „Du hast uns auf dich hin geschaffen, und unruhig ist unser Herz, bis es Ruhe findet in dir." Die Sehnsucht nach Gott sollen wir immer zulassen und fördern. Sie ist die Antriebskraft des Glaubens. Wer einen Berggipfel ersteigen will, ist solange in einer Art Unruhe, bis er das Ziel erreicht hat.

Wer den Glauben für eine reine Entspannungsmethode hält, ist noch nicht gläubig im christlichen Sinn. Christlicher Glaube ist ein Aufwachmittel oder ein Aktivierungsprogramm. Erst wenn wir Gott gefunden haben und von ihm erfüllt sind, stellen sich Ruhe und Friede voll ein. In der Praxis gehen die einzelnen Schritte natürlich Hand in Hand: Die Unruhe des Suchens und der Friede des Findens. Schon vor dem endgültigen Gipfel schenkt der Herr uns Anteil an seinem Frieden. Seine Zusage an die Glaubenden lautet ja: „Frieden hinterlasse ich euch, meinen Frieden gebe ich euch." (Joh 14,27).

• Täglich ein paar Minuten Ruhe suchen bei Gott.

Herr,
mache mein Herz unruhig
bis es Ruhe findet in dir.

Frei nach Augustinus

41

Der Glaube ist demütig

Über „Gott und die Welt“ zu diskutieren ist etwas anderes, als über den Glauben zu reden. Bei Diskussionen über „Gott und die Welt“ können wir die Rolle eines Zuschauers einnehmen. Bei der Glaubensrede gibt es diese Zuschauerrolle nicht. Der Glaube betrifft die persönliche Ebene. Im Glauben geht es um Haltungen wie Hören, Staunen, Nachdenken, sich im Gewissen anrühren lassen, vor Gott Fragen stellen, sich von Gott in Frage stellen lassen, das Leben von Gott her umgestalten, das Erkannte weitersagen.

Diesmal möchte ich der Frage nachgehen, welche inneren Haltungen beim Sprechen über den Glauben besonders wichtig sind. Im ersten Petrusbrief finden wir eine brauchbare Antwort: „Seid stets bereit, jedem Rede und Antwort zu stehen, der nach der Hoffnung fragt, die euch erfüllt; aber antwortet bescheiden und ehrfürchtig, denn ihr habt ein reines Gewissen“ (1 Petr 3,15). Bescheidenheit, Ehrfurcht und das Bemühen um ein reines Gewissen: innerhalb dieser Bereiche soll sich jede Glaubensrede abspielen.

Ehrfurcht benötigen wir, weil das Geheimnis Gottes in Jesus Christus so unaussprechlich groß ist. Bescheidenheit ist gefragt, weil der Glaube nicht unser Produkt, sondern das Werk Gottes ist. Das reine Gewissen gibt die Ebene an, auf der aller Austausch im Glauben geschieht: Wer zu anderen über den Glauben sprechen will, wird nicht nur auf Augenhöhe mit ihnen reden, sondern von Gewissen zu Gewissen oder, wie John Henry Newman sagt, „von Herz zu Herz“.

Die Inhalte unseres Glaubens sind groß. Der Glaube selber ist demütig.

- Wir dürfen durchaus auf das Geschenk des Glaubens stolz sein, wenn wir den Glauben gleichzeitig demütig leben und bezeugen.

„Herr, mein Herz ist nicht stolz,
nicht hochmütig blicken meine Augen.
Ich gehe nicht um mit Dingen,
die mir zu wunderbar
und zu hoch sind.“

Psalm 131,1

42 Der Glaube schenkt uns Freunde

Wie arm muss das Leben eines Menschen ohne Freundschaft sein. Wie entmutigend, wenn nie jemand anruft, nie jemand vorbeischaut, nie jemand an einen denkt, wenn ein Mensch buchstäblich vergessen wird!

Freundschaft ist nicht gleich Freundschaft. Es gibt freundschaftliche Beziehungen, die rein durch Interessen oder aufgrund von gesellschaftlicher Stellung zustande kommen. Wenn sie nicht tiefere Wurzeln hat, kommt und geht eine solche Art Freundschaft mit der Veränderung der Interessenslage oder mit sozialem Auf- und Abstieg.

Eine besondere Tiefe können Freundschaften entwickeln, wenn sie aus der gemeinsamen Freude am Glauben entstehen. Ich kann das bezeugen: Der Glaube hat mir einige ganz treue Freunde geschenkt. Auch ist mir aufgefallen, dass die Verbundenheit im Glauben die Unterschiede in Alter, Sprache und Herkunft relativieren kann. Gespeist werden solche Freundschaften durch die gemeinsame Beziehung zu Jesus Christus, unserem „großen Freund“, der seinen „Freundeskreis“ ständig betreut und erweitert.

Zu diesem Freundeskreis gehören auch unsere himmlischen Freunde, die Heiligen. Deren Freude besteht unter anderem darin, die Beziehung zu uns aufrecht zu halten und an unseren Sorgen und Freuden Anteil zu nehmen. Im Glauben dürfen wir uns Lieblingsheilige wählen und um ihre Freundschaft bitten. Auch in diesem Sinn gilt ein Wort von Papst Benedikt XVI.: „Wer glaubt, ist nie allein.“

Ein kritischer Leser wird an mich die Frage stellen: Warum hältst du den Glauben in Bezug auf Freundschaft für so wichtig? Die beste Antwort darauf fand ich in der Enzyklika „Lumen fidei“: „Der Glaube erleuchtet auch die zwischenmenschlichen Beziehungen, weil er aus der Liebe kommt und der Dynamik der Liebe Gottes folgt“ (Nr. 50).

- Auch Glaubens-Freundschaften bedürfen der bewussten Pflege: einander im Glauben bestärken, zu gläubiger Haltung ermutigen, kleine Zeichen der Verbundenheit setzen, sich Zeit nehmen, füreinander beten.

„Gott Heiliger Geist,
schenke mir Menschen,
mit denen ich im Glauben und Gebet
Gemeinschaft habe,
mit denen ich alles teilen kann,
was mir auferlegt ist.“

Dietrich Bonhoeffer

43 Der Glaube ist gratis

Eine Gruppe von Ministranten traf sich für eine Exkursion in den Kirchturm. Einige hatten ihr Handy dabei. Sie sprachen über Handy-Kosten und sogenannte Null-Tarife bei den Anbietern. Die Betreuer stellten fest: Gratis ist bei Handys nichts, wie auch sonst im Leben alles etwas kostet. Danach ging es um die Fledermäuse im Dachboden unserer Pfarrkirche. Eine Stunde später, am Ende der Exkursion, kam Nikola von sich aus nochmals auf das Thema Kosten zu sprechen: „Ich habe darüber nachgedacht. Mir ist doch etwas eingefallen, was gratis ist." Auf meine neugierige Frage „Was denn?" kam die Antwort: „Der Glaube!" Eine beachtliche Aussage einer Neunjährigen!

Der Glaube ist gratis – diese kindliche Definition ist eine höchst theologische Aussage. In zwei Richtungen wollen wir weiterdenken. Zum einen ist es wichtig, dass der Glaube wirklich frei von Geldgeschäften vermittelt und ausgeübt wird. Kirche und Geld sind ein ungleiches Paar, dessen gemeinsames Auftreten im Laufe der Geschichte viel Unheil beschert hat. Der Apostel Petrus bleibt Vorbild, als er anlässlich der Heilung eines Gelähmten sagte: „Silber und Gold besitze ich nicht. Doch was ich habe, das gebe ich dir" (Apg 3,6). Kirchensteuer, Kirchenbeiträge, Messstipendien und Spendengelder sind ein Mittel, um für den Unterhalt der Mitarbeiter, den Sachaufwand und karitative Projekte zu sorgen. Die Glaubensverkündigung, die Spendung der Sakramente und die Glaubenspraxis müssen gratis sein. Gottes Gaben sind nicht käuflich, und seine Gnade gibt es nur „umsonst".

Damit sind wir bei der zweiten Erkenntnis angelangt: Der Glaube ist wirklich ein Gratis-Angebot Gottes. Man kann ihn sich nicht mit eigenen Mitteln erwerben. Der Glaube ist ein unverdientes Geschenk Gottes. Was können wir dann für den Glauben tun? Viel! Wir dürfen und sollen um den Glauben bitten. Vor allem ist es wichtig, das Herz immer offen zu halten, damit Gott das Geschenk des Glaubens hineinlegen kann. Der Glaube erfährt auch Stärkung und Fortschritt durch das Tun des Glaubens, aber immer so, dass niemand sagen kann: Das ist mein Verdienst. Der Glaube ist eben gratis. Danke, Nikola, für deinen Hinweis!

- Eine Anregung – im Gebet vor Gott oft Bitte und Danke sagen!

„Höchster,
glorreicher Gott,
erleuchte die Finsternis
meines Herzens
und schenke mir
rechten Glauben,
gefestigte Hoffnung
und vollendete Liebe.“

Franz von Assisi

44

Der Glaube ist ein Weg

Die älteste Bezeichnung für die christliche Lehre und Gemeinschaft ist „Der Weg“. Bevor die Jünger Christen genannt wurden, waren sie als „die Anhänger des neuen Weges“ (Apg 9,2) bekannt. Der Name drückt etwas von der ursprünglichen Vision und Dynamik des christlichen Glaubens aus. Ein Christ ist kein Statist, sondern ein bewegter Mensch. An Jesus glauben bedeutet, ihm nachfolgen – im Sinn von hinter ihm her gehen.

Der Glaube ist keine punktuell und ein für alle Mal erreichte Sache. Den Glauben lebt und vermehrt man nicht im Stehen, sondern im Gehen. Im letzten Kapitel war davon die Rede, dass der Glaube gratis ist. Diese Aussage bleibt ohne Einschränkung aufrecht, was den Erwerb des Glaubens anbelangt. Aber die Entwicklung und Reifung des Glaubens hängt wesentlich von unserem bewussten Mitgehen ab. Unsere Aufgabe dem Geschenk des Glaubens gegenüber besteht darin, eine Wechselbeziehung mit dem Herrn einzugehen. Manchmal führt uns der Herr und reicht uns die Hand, wir fühlen uns von ihm getragen. Es folgen Strecken, auf denen wir mühsam und scheinbar allein nach der nächsten Wegmarkierung Ausschau halten. Der Glaube reift, indem wir einfach weitergehen, ohne uns durch Stimmung oder Einfluss von äußeren Umständen aus der Glaubensbahn werfen zu lassen.

In einem neueren Film über Johannes Bosco sieht man den alt gewordenen Heiligen in einem Rollstuhl sitzen, während Szenen aus seinem Leben vorüberziehen. Eine Szene zeigt ihn als Jugendlichen unter einer Schar von Kindern, wie er auf einem Drahtseil zwischen Bäumen balanciert. Während dieser Bilderfolge hört man den am Lebensabend stehenden Don Bosco leise sprechen: „Das war mein Geheimnis: Nur geradeaus sehen, nicht stehenbleiben, nicht nach der Seite sehen und nicht in den Abgrund unter meinen Füßen. Den Blick immer nur nach vorn gerichtet mit dem Vertrauen in die Kraft des Herrn."

- Gehen wir in diesen Tagen wieder ein Stück des Glaubensweges, unabhängig von der Wegbeschaffenheit und von der Frage, wie viele andere es auch tun.

„Der Herr ist mein Hirte,
nichts wird mir fehlen."

Psalm 23,1

45 Der Glaube ist Hoffnung

Bewusst steht in der Überschrift das Wörtchen „ist" anstelle des Wörtchens „gibt". Der Glaube gibt Hoffnung – diese Aussage scheint mir zu schwach zu sein. Der Glaube ist Hoffnung – damit will ich die große Dynamik zum Ausdruck bringen, die der Glaube entwickeln kann.

Der Grund-Satz, auf dem unser ganzes christliches Gebäude steht, heißt: „Er ist auferstanden" (Lk 24,6). Wer in dieser gläubigen Gewissheit lebt, dass Christus auferstanden ist, hat Hoffnung als Grundausstattung für sein Leben empfangen. Durch den Glauben sind wir mit dem auferstandenen Jesus schicksalhaft verbunden. Wir nehmen teil an seinem unsterblichen Leben. Wir leben ein Leben der gläubigen Hoffnung.

Der Glaube weitet den Blick, wenn es eng wird.
Der Glaube öffnet verschlossene Türen.
Der Glauben schenkt Zuversicht.
Der Glaube erinnert uns, dass über den dunkelsten Wolken die Sonne scheint.
Der Glaube ermöglicht uns den letzten Durchbruch.
Der Glaube ist Hoffen auf den Herrn.

- Lassen wir uns im Glauben immer wieder die Gewissheit schenken, dass „Gott bei denen, die ihn lieben, alles zum Guten führt" (Röm 8,28).

„Muss ich auch wandern in finsterer Schlucht,
ich fürchte kein Unheil;
denn du bist bei mir,
dein Stock und dein Stab
geben mir Zuversicht."

Psalm 23,4

46 Der Glaube bleibt jung

Menschen mit gläubigen Positionen handeln sich gerne den Vorwurf des Altmodischen ein. Es ist eigenartig, aber der Unglaube gibt sich meistens aufgeschlossener und moderner als der Glaube. Vielleicht liegt ein Grund für diese Schieflage darin, dass junge Menschen optisch die Ausnahme sind, wenn es um den christlichen Glauben in der Gesellschaft geht. Wer in unseren Breiten katholische Gemeinden aufsucht, gewinnt den Eindruck von „Altertum". Das Durchschnittsalter der Kirchenbesucher und der Amtsträger ist gleichermaßen hoch.

Es gibt auch andere Erfahrungen. Plötzlich erwacht der Glaube in jungen Menschen, neue Bewegungen entstehen und frischer Wind kommt in die Kirche. Derartige Phänomene gipfeln alle paar Jahre in den Weltjugendtagen. Aber nicht nur in Köln, Madrid, Sydney und Rio gibt es die für den Glauben engagierten Jugendlichen. Das Typische an dieser neuen Generation von jungen Gläubigen ist die Selbstverständlichkeit, mit der sie den katholischen Glauben leben und dafür eintreten. Für sie ist nicht der Glaube alt, sondern jene Teile der Gesellschaft, die meinen, ohne Glauben auskommen zu können.

Bei Begegnungen mit Jugendlichen dieser Art fällt auf, dass sie ihre Vorbilder nicht nur innerhalb ihrer Altersgruppe suchen. Sie verehren ältere Menschen wie Johannes Paul II., den Erfinder der Weltjugendtage, folgen Papst Franziskus auf Twitter, machen ein Volontariat bei den Schwestern von Mutter Teresa oder finden durch

Mutter Elvira, der Gründerin von Cenacolo, den Weg des Glaubens. Es zeigt sich, dass der Glaube an Jesus keinen Generationenkonflikt verursacht. Junge Gläubige spüren intuitiv, dass der gereifte Glaube nicht alt macht, sondern jung hält.

Im Letzten ist es der Geist Gottes, der bewirkt, dass junge Herzen sich für Gott öffnen und dass ältere Herzen sich die Frische des Glaubens bewahren. Echter Glaube hält jung und ist nicht nur zeitgemäß, sondern immer up to date.

- Ein Wunsch an erwachsene Christen: Begegnen wir Jugendlichen immer mit besonderer Zuneigung und bezeugen wir ihnen unsere Freude am Glauben.

„Gott, unser Vater,
dir vertrauen wir die Jugend dieser Welt an,
die Burschen und Mädchen mit ihren Problemen,
Sehnsüchten und Hoffnungen.
Lass den Blick deiner Liebe auf ihnen ruhen
und mache sie zu Tätern des Friedens
und Baumeistern einer Zivilisation der Liebe.
Rufe sie auf, Jesus, deinem Sohn, zu folgen.
Lass sie verstehen, dass es sich lohnt,
das Leben ganz für dich und
die Menschen hinzugeben.
Schenke ihnen Großmut und Entschlusskraft
bei der Antwort auf deinen Anruf."

Papst Johannes Paul II.

47
Der Glaube schenkt Frieden mit Gott

Das Thema ist eins zu eins übernommen aus dem Römerbrief: „Da wir nun gerecht geworden sind durch den Glauben, haben wir Frieden mit Gott durch unsern Herrn Jesus Christus“ (Röm 5,1). Der Apostel Paulus behandelt in diesem Brief die Frage, wie der Mensch vor Gott gerecht wird. In den Ohren unserer Gesellschaft klingt diese Fragestellung heute fremd. Der Tendenz geht in Richtung Selbstrechtfertigung und Fremdbeschuldigung. Professor Raphael Bonelli, Facharzt für Psychiatrie und psychotherapeutische Medizin, nimmt diese Entwicklung kritisch unter die Lupe: Solange der Mensch in seiner selbstbehaupteten Unschuld verharrt, kann er auch psychotherapeutisch nicht geheilt werden. Bonellis entsprechender Wegweiser aus seelischen Sackgassen trägt den Buchtitel: „Selber Schuld!“

Übertragen auf den Glauben bedeutet das: Wenn ich anerkenne, dass ich von mir aus gar nicht okay bin, sondern ein Sünder, ist der erste Schritt getan, um ein Gerechter zu werden. Nicht meine von mir selbst behauptete Qualität macht mich zum „guten Menschen“, sondern die Vergebung durch Gott.

Ohne das Zauberwort „verzeih mir“ wird der Mensch nicht gut. Es ist zu wenig zu sagen, jeder macht Fehler, alle Menschen haben Schwächen. Der Schritt vom „man“ zum „ich“ ist notwendig: „Gott, ich bin ein Sünder. Doch du kannst aus mir etwas Gutes machen.“ Nach katholischem Glauben geschieht diese innere Veränderung des Menschen erstmals in der Taufe. Sie zieht sich dann durchs ganze Leben in einem langen Prozess der „Erneuerung im Denken“ (vgl. Röm 12,2).

Bevor wir über den Frieden im Haus, im Land oder gar in der Welt sprechen, gilt es, den Frieden im Herzen erstehen zu lassen. Er ist eine Frucht des Glaubens, wobei der entscheidende Glaubensschritt das Anerkennen ist, dass es aus mir selbst nicht geht. Der gläubige Empfang der heiligen Sakramente ist eine starke Hilfe, um in diesen Frieden hineinzuwachsen.

- Eine indiskrete Frage: Wie lange liegt bei mir der letztmalige Empfang des Beichtsakramentes zurück?

„Herr, gib Frieden in unseren Tagen.“

Gregor der Große

48
Der Glaube ist in der Kirche intakt

Bei der Feier der heiligen Messe gibt es ein kleines Gebet, das uns den Stoff für folgende Überlegungen liefert. „Herr Jesus Christus, schau nicht auf unsere Sünden, sondern auf den Glauben deiner Kirche.“ In dieser Gebetsbitte wird in Bezug auf den Glauben unsere persönliche Schwäche der kirchlichen Stärke gegenübergestellt. Vom Empfinden her ist das konträr zu dem, was die öffentliche Meinung denkt, nämlich: Einzelne Christen seien durchwegs in Ordnung, die Kirche als solche sei eine sündige Angelegenheit. Demnach müsste das Gebet geradezu umgeschrieben werden: „Schau nicht auf die Sünden deiner Kirche, sondern auf unseren Glauben.“

Warum also berufen wir uns in jeder Messe auf den intakten Glauben der Kirche? Der Grund ist folgender: Die Kirche ist mehr als die Summe ihrer Teile. Dem Neuen Testament zufolge ist sie das Bauwerk, das Jesus selber gegründet hat und zu dem er immer stehen wird. Noch mehr, er sieht sich der Kirche gegenüber wie ein Bräutigam, der seine Braut hegt und pflegt: „So will er die Kirche herrlich vor sich erscheinen lassen, ohne Flecken, Falten oder andere Fehler; heilig soll sie sein und makellos“ (Eph 5,27). Christus persönlich bewirkt, dass die Kirche ihm gegenüber treu bleibt, auch wenn viele Glieder der Kirche Sünder sind.

Ein Einwand könnte lauten: Das ist aber eine idealistische Sichtweise, die Kirchengeschichte schreibt andere Zeilen.

Auf diesen Einwand antworte ich persönlich so: Gerade die Kirchengeschichte zeigt, dass die vielen Sünder, die in ihr aufgetreten sind, es nie geschafft haben, den ursprünglichen Glauben zu zerstören. Der Glaube, den die Apostel von Jesus empfangen und überliefert haben, lebt auch im dritten Jahrtausend. Er bringt sogar neue Blüten einer ungebrochenen Treue gegenüber Jesus hervor. Noch nie gab es so viele christliche Märtyrer wie in den vergangenen Jahrzehnten. Weltweit setzen Christen für die Treue im Glauben ihr Leben aufs Spiel.

Auch die Heiligen, deren Glaube sich in der Anschauung Gottes vollendet hat, sind und bleiben Glieder der Kirche: die Gottesmutter Maria, Johannes der Täufer, der heilige Josef, die Apostel … Auf ihren Glaubensschatz dürfen wir uns immer berufen.

Das Gebet „Schau auf den Glauben deiner Kirche“ bittet also darum, dass der Herr sich durch unsere Sünden nicht irritieren lässt. Er soll auf jene schauen, deren Glaube intakt ist. Es gibt sie, ihre Namen füllen Bände im Himmel!

- Beten wir oft das Glaubensbekenntnis, das uns den ursprünglichen Glauben verbürgt.

„Ich glaube an Gott …“

49 Der Glaube ist Herzenssache

„Wo euer Schatz ist, da ist auch euer Herz“ (Lk 12,34). Dieser Spruch ist eine Perle der Heiligen Schrift. An wen oder was denken wir besonders oft? Was oder wer ist für uns sehr wichtig? Worauf wollen wir nicht verzichten? In welche Richtung gehen unsere Interessen und Vorlieben?

Beim Evangelisten Lukas zielt der Satz vom Schatz und vom Herzen zunächst auf die Gefahr ab, das Herz an das Geld zu klammern. Materieller Wohlstand ist für den Menschen eine große Versuchung. Deshalb warnt Jesus mit besonders starken Worten davor. Jesus kommt in dem Zusammenhang auch auf den Tod zu sprechen, da dieser uns die Sinnlosigkeit einer materialistischen Lebenseinstellung vor Augen führt (besonders dramatisch in Lk 12,20). Was bleibt von all dem übrig, was ein Mensch in seinem Leben angehäuft hat?

Es geht aber nicht nur ums Geld, sondern um alles, was sich das menschliche Herz zum Schatz erwählt. Man kann sich auch zu sehr an Menschen festklammern. Alles, woran das Herz hängt, kann zur Abhängigkeit werden, zur Sucht, zum Götzen. Anstatt selber die Herrschaft über unser Herz auszuüben, beherrschen uns irgendwelche Dinge.

Was können wir dagegen tun? Wir können etwas sehr einfaches tun, nämlich glauben, und das im wahrsten Sinn des Wortes! Das Wort glauben – „credo“ – ist vermutlich eine Zusammensetzung der lateinischen Worte

„cor" und „dare": das Herz schenken. Glauben bedeutet demzufolge: das Herz Gott schenken. Einen Wechsel vollziehen, von den vorläufigen Schätzen zum ewigen Schatz. Von dem, was unser Herz blockiert, zum Schatz, der uns die echte Freiheit schenkt.

Ist das etwas für uns alle oder doch vielleicht nur für besonders begnadete Menschen? In der Taufe haben alle Christen diesen Wechsel vollzogen. Wir selbst bzw. unsere Eltern und Paten haben im Taufversprechen dreimal gesagt: Ich glaube! Das galt im Sinne von: Das Herz dieses Menschen soll von jetzt an unter der Herrschaft Gottes stehen. Nichts soll den Platz einnehmen, der Gott allein gehört.

- Vertrauen wir im Glaubensbekenntnis immer wieder unser Leben Gott an.

Herr, mein Herz gehört dir.
Dir vertraue ich.

50 Der Glaube ist geduldig

Der Kinofilm „Fireproof“ kann über seinen christlich geprägten Inhalt hinaus mit einem respektablen Soundtrack punkten: das Lied „While I'm waiting“, getextet, komponiert und gesungen von John Waller. Beim zweiten Hinhören entdeckte ich in diesem Worship-Song eine starke und hilfreiche Botschaft für unser Thema Glaube. Wenn mich jemand persönlich fragen würde, welche Eigenschaft hältst du neben der christlichen Liebe für den Glauben für besonders wichtig, würde ich antworten: die Geduld.

Ob es der Blick auf die Ehekrise des Feuerwehrmannes Kaleb aus dem Film ist, oder der graue Alltag im Leben eines Pfarrers, je länger ich im Glauben unterwegs bin, desto mehr habe ich verstehen gelernt, dass glauben geduldig sein heißt: warten auf den Herrn, warten auf die Ernte.

Glauben hat vorerst mit der Aussaat zu tun. Die Ernte kommt am Schluss. Das ist zwar in anderen Bereichen des Lebens auch so, z. B. in der Erziehung und Begleitung von Kindern und Jugendlichen: Welche Mutter und welcher Vater können von ihrem pubertierenden Jugendlichen sagen, dass jetzt schon geerntet wird, was in den Kinderjahren ausgesät wurde? Da sieht vordergründig manches nach Missernte aus. Erst langsam reifen die Früchte. Im Glauben aber ist die Geduld noch wichtiger, weil der Glaube von seinem Wesen her transzendent ist: Erst beim Blick in das Angesicht Gottes kommt der Glaubende an sein Ziel.

In meinem Pfarrhaus wohnte eine Zeit lang Otto Neururer, Priester und Märtyrer im KZ. Wie viele Demütigungen, Entbehrungen und Todesängste mussten er und unzählige andere über Monate und Jahre hinweg ertragen. Neururer starb am 30. Mai 1940 im Bunker von Buchenwald: An Fleischerhaken hatte man ihn mit dem Kopf nach unten erhängt. Die Stunden vor seinem Sterben tat er, was er auch vorher immer getan hatte: Er bewegte seine Lippen zum Gebet, und es schien, dass sein Glaube zur Höchstform christlicher Liebe gereift war, indem er sogar seine Mörder in sein Gebet miteinbezog: „Vater vergib ihnen, sie wissen nicht, was sie tun" (Lk 23,34).

Mit solchen Vorbildern im Glauben lässt es sich leichter geduldig sein, wenn mich einmal die Ungeduld plagt und ich jetzt schon den „Lohn" für meinen Glauben sehen möchte.

- Ich warte auf dich, Herr, und ich gebe die Hoffnung nicht auf, auch wenn es schmerzlich ist. Ich will geduldig warten und einfach weitergehen, mutig und im Vertrauen. Jede Hürde nehme ich, indem ich gehorche. (Frei nach John Waller)

„I'm waiting, I'm waiting on You Lord
And I am hopeful, I'm waiting on You Lord
Though it is painful, but patiently
I will wait

And I will move ahead bold and confident
Taking every step in obedience

While I'm waiting I will serve You
While I'm waiting I will worship
While I'm waiting I will not faint
I'll be running the race even while I wait

I'm waiting, I'm waiting on You Lord
And I am peaceful, I'm waiting on You Lord
Though it's not easy no, but faithfully I will wait
Yes, I will wait"

John Waller

51

Der Glaube verbindet Himmel und Erde

Das ganze Jahr über Weihnachten zu feiern, wie es der wohlhabende Teil der Menschheit tut, wäre nicht gut. Erst wenn wir das Fest vom Äußeren befreien, kommt mit dem Kind in der Krippe das Eigentliche hervor. An dieses Kind zu denken und für immer an sein Geheimnis zu glauben, scheint nicht viel herzugeben, und doch verändert es unser Leben von Grund auf.

Seit der Geburt dieses Kindes gibt es etwas, was vorher nicht war. Gott war immer schon und wird auch immer sein. Aber die Brücke von der Erde zum Himmel war abgebrochen. Niemand konnte von hier nach dort kommen. Nur ab und zu gab es Funkkontakt, z. B. über die Propheten.

Jetzt aber gibt es einen Ort, wo Himmel und Erde sich vereint haben. Das Kind selber ist dieser Ort. Deshalb heißt das Kind auch „Emanuel“, was „Gott ist mit uns“ bedeutet. Seitdem ist Gott nicht mehr ganz verborgen.

Es bleibt die Frage, wo wir Gott heute finden. In Bethlehem hat er uns einige Hinweise gegeben: Die Geburt des Gottessohnes geschah in einem einfachen Unterschlupf für Schafe. Und das Kind war wie alle Kinder klein und angreifbar. Vorzugsweise finden wir Gott auch heute in einfachen Verhältnissen und angreifbar.

Die kleinen und unscheinbaren Zeichen der Nähe Gottes entdecken wir, wenn wir uns selber klein machen. Die Geburtskirche in Bethlehem hat ein sehr kleines Eingangstor. Nur wer hier hindurch gegangen ist, kann die Grotte betreten. Das ist ein schönes Symbol: Wenn der Mensch sich bückt, begegnet er Gott in vielen Dingen. Den Lesern wünsche ich die Freude, „Gott in allen Dingen zu suchen und zu finden", wie der hl. Ignatius von Loyola sagt. Der Glaube versetzt Weihnachten hinein in unser ganzes Leben.

- Achten wir bewusst auf die kleinen alltäglichen Dinge, in denen wir Gott begegnen können.

Herr, deine Geburt hat mir
den Himmel so nahe gebracht.
Lass mich dich nie übersehen!

52

Der Glaube läuft auf die Liebe hinaus

Schade, dass eine der schönsten Perlen biblischer Literatur fast nur bei Hochzeiten vorgetragen wird. Das dreizehnte Kapitel des Korintherbriefes würde sich für viele Anlässe eignen, die das Glaubensleben eines Christen bereithält, von der Taufe bis zum Grab. Das Hohelied der Liebe gipfelt in der Aussage: „Für jetzt bleiben Glaube, Hoffnung, Liebe, diese drei; doch am größten unter ihnen ist die Liebe“ (1 Kor 13,13). In den vorausgehenden Versen hatte der Apostel Paulus erklärt, dass Glaube ohne Liebe nichts ist. Das Argument, das er in diesem Zusammenhang verwendet, überzeugt gleichermaßen wie es beeindruckt: „Die Liebe hört niemals auf“ (1 Kor 13,8). Mit anderen Worten: Alles nimmt ein Ende. Auch der Glaube hört eines Tages auf. Die Liebe nicht! Der Glaube ist der Weg, die Liebe das Ziel. Im Himmel gibt es keinen Glauben mehr, dort ist die Liebe das Ein und Alles.

Also folgt, dass der Glaube jetzt schon auf die Liebe hinausläuft. Deshalb lässt der Apostel Matthäus uns von Jesus sagen, dass am Tag des Gerichts jene Glaubenstaten ins Gewicht fallen, die aus Liebe geschehen sind. Gewiss will Jesus von uns im Gebet, in den Sakramenten und besonders in der heiligen Eucharistie berührt und angebetet werden. Wir begegnen ihm aber auch in den Kranken, Gefangenen, Obdachlosen, Nackten, Dürstenden und Hungrigen, denen wir unsere Liebe erweisen (Mt 25,31–46). Die Liebe ist die „Schubkraft“ des Glaubens. Mit ihr überwindet der Glaube die „Erdanziehungskraft“, und es zieht uns unweigerlich zu Gott hin, „denn die Liebe ist aus Gott und jeder, der liebt, stammt von Gott und erkennt Gott" (1 Joh 4,7).

Ich möchte mich auf dieser letzten Seite der zweiundfünfzig Kapitel nicht als Lehrer betätigen, sondern als Dankender. So oft in meinem Leben bin ich Menschen begegnet, die Glaube und Liebe nicht gesplittet haben, sondern um deren Synthese bemüht waren. Schon in meiner Kindheit erlebte ich Eltern, die morgens täglich zur Frühmesse gingen, untertags neben ihrer Arbeit Sorgenbeladene trösteten und Notleidende unterstützten und beim Abendgebet gemeinsam mit der Familie beim Herrn verweilten. Ich danke den Menschen in meinen Pfarreien und in meinem geistlichen Freundeskreis, durch die ich gerade im Teilen des Glaubens herzliche Freundschaft und christliche Liebe erfahre.

- Das dreizehnte Kapitel des Korintherbriefes in aller Ruhe lesen.

„Heilige Maria, Mutter Gottes,
du hast der Welt
das wahre Licht geschenkt,
Jesus, deinen Sohn – Gottes Sohn.
Du hast dich ganz
dem Ruf Gottes überantwortet
und bist so zum Quell der Güte geworden,
die aus ihm strömt.
Zeige uns Jesus. Führe uns zu ihm.

Lehre uns ihn kennen und ihn lieben,
damit auch wir selbst
wahrhaft Liebende
und Quelle lebendigen Wassers
werden können
inmitten einer dürstenden Welt.“

Papst Benedikt XVI., Deus caritas est, Nr. 42